丹羽宇一郎

令和日本の大問題

現実を見よ！　危機感を持て！

東洋経済新報社

戦争をしてはいけない、近づいてもいけない
グローバリゼーションから逃げてはいけない
迫る地震・災害を他人事にしてはいけない
不条理を許してはいけない、不合理を信じてはいけない
長寿を社会悪にしてはいけない
老人は若者の邪魔をしてはいけない

はじめに

「世」という漢字には、30年という意味がある。

30年が一世代なのである。

本書は、これからの30年を我々日本人がどう生きるかをテーマとしている。

いまから30年前は平成2年、前夜はバブルのピークだった。株式市場は日経平均株価3万8915円を記録した。

そこから、さらに30年前の昭和35年は日本の高度経済成長がはじまったばかりの頃である。この年、「国民所得倍増計画」が発表された。

国民年金法が成立したのはその前年である。

昭和35年の合計特殊出生率は2・0だった。このときに年金制度を設計した人たちは、今日の社会状況を見たらどう思うだろうか。

世代単位で過去を振り返ってみると、二世代前が日本の経済成長の登山口で、一世代前は山頂、そして現在、新たな地平に着地しようとしている。

日本は、60年かけてひと山を越えた。では、これから30年の日本はどうなるのか。

令和元年は続けざまに首都圏を記録的な台風が襲った。令和2年は年初から中国の武漢市を発生源とする7番目の新型コロナウィルス（COVID-19：Coronavirus Diseases 2019）が世界中に広がった。重篤な肺炎を引き起こす恐れのある新型は、発生から2カ月ほどで世界中に感染が及び、ＷＨＯ（世界保健機関）は3月12日にパンデミックを宣言した。

新型の感染者の拡大は、健康被害のみならず世界経済に深刻な影を落とし、ニューヨーク市場、東京市場でも急速で大幅な株価の下落を招いた。

国際政治への影響も大きい。２０２０年4月に予定されていた習近平（１９５３生）国家主席の国賓としての来日も延期となった。中国では全人代の開催が延期され、東京オリンピックも予定通りの開催ができるのか、まだまだ予断を許さない。

新型は人類にとって未知の病原体であるが、その感染経路もワクチンの開発も遠からずはっきりするだろう。しかし、長期的に人間が頭に入れておかねばならないのは、新型細菌・ウィルスは、これからも現れ続け人類の脅威となることだ。したがって我々が将来にわたり目指すべきは、ウィルスの撲滅より「共生」である。共生のためにはウィルスを弱毒性へ導くことだ。

生物であるウィルスにとって宿主である人が死ねば、ウィルス自身も生きられない。容易に次の宿主が見つからない環境にあっては、強毒性のウィルスは生き残れなくなる。したがって、人から人への感染を防ぐことはウィルスを弱毒化し、人とウィルスが「共生」するための有効な対策である。

もうひとつは人類の免疫力を上げることだ。人類はペストを撲滅したが、同時にペストに対する免疫力を失ってしまった。特効薬は病原体の耐性を上げ、強毒化させることもある。ウィルスを一方的に「悪」と見るのではなく、人類とウィルスの「共生」を前提に対策を心するべきだ。国際問題と同様、力対力では共倒れである。一方的に相手を「悪」と見るのは、けっして問題を真の意味での解決に導かない。

「まだはもうなり」、人がピークをつくり、終わりをつくる。終わりのない始まりはない。降って湧いたウィルスパニックで、国内に緊張が走ったものの、現代の日本のリーダーは、依然として政財界を含め危機感に乏しいように見える。

私は、そこに懸念を覚えている。本書の執筆を決心した理由もそこにある。

いつの世も問題はあって当たり前。肝心なのは問題から目を背けないことだ。今回のウィルス対策でも、果たして問題を真正面から捉えていたか。ウィルスの本質を理解していたか。水際で食い止めたいという願望だけで、国内の感染拡大に対する準備が不足していなかったか。最悪の事態から目を背けていなかったか。

1941年8月、近衛文磨（1891～1945）内閣は当時のエリートが結集した「総力戦研究所」の提出した、日本必敗のシミュレーションを「戦争はやってみなければわからない」と握りつぶし、イチかバチかの賭けに出た。その結果が、あの悲惨な敗戦である。

我々は、日本の抱える問題からけっして目を背けてはならない。

もうひとつ大事なことは、問題を正しく捉えることである。

少子高齢化による人口減少社会で、増大する年金負担は大きな社会問題である。年金を支えているのは現役世代の若者で、受け取っているのが高齢者である。そのため若者の負担が増えてくると、あたかも長寿が悪のように扱われることがある。

経済学者の吉川洋（1951生）立正大学学長は著書『人口と日本経済』で、物理学者の中谷宇吉郎（1900～1962）博士の次の一文を紹介している。

「今度のアメリカ訪問で一番印象に残ったのは、老人がたくさんいて、それが皆矍鑠《かくしゃく》として、元気で働いていることであった。〈中略〉人間が健康で長生きしていることが、一番美しいことであった」

人は長寿社会を理想としてきた。そして、いまや１００年の長寿を得ようとしている。長寿が問題なのではない。我々の知恵と、我々の社会が、いまだ医学的発展に追いついていないことが問題なのである。

こうした問題に取り組む姿勢と問題を乗り越える道を求めて、私は本書を執筆した。

我々を取り巻く問題はあまりに多く、持っている知恵と知識はわずかである。

それでも、これからの世を生きる若者に、昭和・平成を生きてきた者の知恵と知識が少しでも生かされるならば幸いである。

２０２０年３月

丹羽宇一郎

目次――丹羽宇一郎　令和日本の大問題

第1章

いますぐ昭和・平成の成功体験を捨て去れ！

歴史上、過去の成功が仇になった事例は多い。一方、過去の成功体験は自信の源であり、甘美な想い出である。しかし、不滅の成功法則などない。過去の成功体験にすがることは愚者の選択。未来を創る行動とはならない。

1 まずは社長がやめなさい！

年長者は、経験と実績に裏付けられた見識を持っている。これが社会一般の見方である。過去の成功体験は、後々の人にとっても参考になる貴重な財産ということだ。

だが、果たしてそうか。

いまでも時折、私が社長時代に断行した不良債権処理の話を聞きたいという取材依頼がある。なぜそんな昔の話を聞きたいのか、取材の意図を問うと、現在の経営者にとっても、当時の体験が参考になるはずだからという。

そういうとき、私は「そんなことはおやめなさい」と答えている。相手の記者は、ほぼ例外なく怪《け》訝《げん》な顔をするが、私はかまわずに続けてこういう説明をする。

過去の成功体験を聞いてお手本にしようとしても、時代は違うし、会社も違う。経済状況も違えば、社会情勢も異なる。過去の成功体験など何の役にも立たない。過去の体験を聞いて回るより、自分の頭で現在の問題を考えたほうがよい。

実は、私も部長時代に教訓とすべき過去の失敗例を採取させた。社員がこれらを忘れることなく心に刻めば大損のない良い会社になるだろうと考えたのである。

ところが実際にできあがった立派な教科書を配布してみると、「バカなことをしたものだ」という人間の性を知らずしての未熟な指示の深い後悔を残したのみで、社員の参考にはならなかった。失敗例はそういう行動をとるものだというだけのことである。教訓は体験者のものであり、体験をしていない他者の記憶に残ることはまずないものだ。

10年前の道がいまもあるとは限らない

近年、田中角栄（１９１６〜１９９３）元首相が再評価されている。

発端は石原慎太郎（１９３２生）氏の小説『天才』だろう。現役の政治家時代は対立していた石原氏が、田中元首相を天才と讃《たた》えるのは歳月のなせるところなのかもしれない。いまの時代に田中角栄がいれば、もっと活気ある社会になったのではないかと、一部に根強い角栄待望論がある。

だが、田中角栄が最も可愛がった政治家といわれ、事実、田中角栄を身近で見ていた小沢一郎（１９４２生）氏は、田中角栄について冷静な評価をしていた。

田中角栄は、高度経済成長期に数多くの実績を残した。だが、それはあの時代だったから、田中角栄的なやり方でうまくいったのだ。もし、いま田中角栄が首相として国をリードしたとしても、できないことのほうが多い。田中角栄だから、飛び抜けた成果を出すということは、現代ではあり得ないことなのだと小沢氏は言っている。

いま、私が再び巨額の不良債権処理を任されたとしても、やはり１９９８～99年と同じやり方をするしかなく、それでは必ずしもうまくいかないはずだ。

過去のやり方が、いまでも通用することもあるにはある。しかし多くの場合、過去の成功体験をなぞるだけでは解決にはつながらない。

10年前に通り抜けられた道が、街の再開発によってふさがれてしまうこともある。過去の教訓や体験は、実はそのままでは役に立たないことが多いものだ。

もう若者に席を譲りなさい！

電車やバスに乗ったら、老人に席を譲るものだと我々は教わってきた。老人は若者に席を譲れと言うと、モラルに反した発言と思われそうだが、電車やバスでの話ではない。

老人に譲れと言っている席とは、社長の椅子、権力、権勢の椅子のことだ。こうした椅子は座り心地がよいので、なかなか下りられない。

年老いたといっても、実績のあるトップには力がある。トップ自身が「自分はまだやれる」「会社のことは自分が一番よく知っている」と後進に席を譲らなければ、だれも否定することはできない。居座るためのもっともらしい理由は、いくらでもある。

実際、現役の社長を凌《しの》ぐような実績を持つ人物というのは、社内を見渡しても１００人に１人という類いだろう。そのため、多くの人が社長に引退を迫るよりも、他に社長が務まる人はいないのだから、もっと頑張ってほしいと激励する。

留任を勧める人の根拠は、過去の実績である。過去に輝かしい実績があるから、きっとこれからもよい成果をあげてくれるだろうという、いわばハロー（後光）効果である。

だが、それではいつまで経っても若い人たちの出番が回ってこない。

会社の業績見通しが不安定になることより、若い才能を腐らせることのほうが罪は重い。そもそも業績見通しというものは、常に不透明な要因をはらんでいるものだ。過去の実績とて、未来の成功を担保するわけではない。

しかし、若い才能を腐らせることは、間違いなく会社から未来を奪う。

過去の実績を持ち出すのは、多くが保身のための言い訳に過ぎず、老人が若者から席を奪い続ける理由にならないことは、本人もよくわかっているはずだ。

ところが日本の企業では、いままでトップに昇りつめた人には、屋上屋を重ねるような特別待遇まで整えられていた。社長、会長を務めた人が、その後に相談役、顧問となるのは既定の人事のようになっている。２０１７年に経済産業省が、上場企業にアンケート調査したところ、回答企業のうち62％が相談役、顧問を置いていた。

歴史のある大企業では、歴代の社長経験者に終身で給料を払い続け、会社が高級車まで用意していた。こうした事実は、多くの会社で社員に知らされていないし、社員も自分に関係のない雲の上の人のことなど関心を持っていないものだ。私も自分の会社に同様の制度があることを社長に就任してはじめて知った。

「社長がそこまで言うなら私も遠慮します」

私が社長に就任した当時、会社は2年連続で無配当という厳しい状況だった。不良債権処理で大幅赤字を計上するという最中であり、現場で働く若い社員は給料が上がらず苦しい思いをしていた。そういう非常時でも、過去の経営者たちは過去の貢献に対する報酬ということで、いわば実働なき報酬、不労所得を受け取り続けていたのである。

これらの報酬は、歴代経営者たちが過去に積み立てたお金ではない。現役の社員たちが苦労して稼ぎ出したお金を彼らの不労所得に充てていたのだ。

私は過去の経営者たちに、終身で支払っていた報酬を75歳で打ち切るとし、社用車の使用も廃止した。ＯＢたちからは文字通り非難の嵐である。

過去、何十年と続いてきた制度を突然打ち切るとは何事か。報酬がなくなると生活が成り立たない。車が使えなければ移動に困る。

私は、会社が非常事態である以上、いままで通りにはいかないことを可能な限りていねいに説明した。私自身の報酬もゼロにすることとした。

もし、どうしても制度を残せというのであれば残すが、私の代からは、75歳を待たず会社を離れた段階で、すべての報酬をなくすと宣言した。

すでに75歳を過ぎている人の救済措置として、5年間の猶予期間を経て全面廃止という方向で話は収まったのだが、ＯＢのうち特別顧問だった瀬島龍三氏（１９１１～２００７）をはじめ、先輩諸氏が自ら辞退してくれた。

そのため、結局、終身給与制は5年を待たず事実上なくなった。

現役時代から何度も助けてもらい、ＯＢになってからも「社長がそこまで言うなら……」と理解を示してくれた諸先輩には感謝しかない。

2

未熟を自覚することで人は成長する

自ら後進に席を譲るという事例は、少ないものの、ないわけではない。

第二代住友家総理事を務めた伊庭《いば》貞剛《ていごう》（１８４７〜１９２６）は、58歳のときに職を退いた。明治時代のこととはいえ58歳は当時としても早い引退である。伊庭は「老人は少壮者の邪魔をしないようにすることが一番必要だ」と自らを戒めている。

私は後継者を選ぶとき「スキップ・ワン・ジェネレーション」を掲げた。

会社においては6年が一世代である。一世代をスキップするので、次の次の世代、すなわち12年ほど年齢の若い人を次期社長としたのである。

干支でいえばひと回り下の世代だから、かなりの若返りが果たせる。

社長は、人物が完成してから任せるものではない。

未熟な若いうちに任せ切ることが大事だ。自ら考え決断することで人は成長する。責任ある仕事をしてこそ、生きた経験を積むことができる。

苦しいときほど人は育つ。２０１９年に、アメリカが制裁をかけたファーウェイの社内には、次の標語が掲げられている。

没有伤痕累累（累々たる傷痕なしに）
哪来皮糙肉厚（どこから鋼の肉体が得られようか）
英雄自古多磨难（英雄はいにしえより多くの苦難によって磨かれる）

ファーウェイ創業者の任正非（１９４４生）ＣＥＯが、相当な修羅場をくぐって来たことがこの標語からうかがえる。

未熟なうちに任せることが肝心

中国でも、日本でも、人は苦しい仕事で磨かれるのである。これは社長であろうと、新入社員であろうと同じだ。

「人は苦しいときに成長する。だから大いに苦しめ。そこから逃げるな。給料をもらって、苦しむという貴重な体験をさせてもらっていることに、むしろ感謝しろ」

私は部下によくこう言っていた。少しだけ優しい表現をするならば、「もうちょっと頑張って苦労してみなさい」ということである。

高名な宮大工だった西岡常一（１９０８〜１９９５）棟梁は、仕事を任せるときはその人が完成してから任せるのではなく、未熟なうちに任せることが肝心と言っている。

未熟なうちに仕事を任せれば、本人は力不足を認識しているから、懸命に努力するし、万事に慎重となる。責任をもって、仕事を最後まで仕上げることで人は磨かれる。

どんな仕事もひとりでできるものはない。必ずどこかでだれかの協力が必要だ。それは社内の別部門の人であったり、取引先であったり、ときには役所や国の機関に協力を得ることも必要となる。

仕事とは人間同士のかかわり合いの結果である。仕事で磨かれるとは、こうした人間同士のかかわりの中で磨かれることもひとつだ。

任せるとは、人を成長させる手段である。したがって若いから、未熟だからという理由で、重要なポストに若い人材を登用しないのは、会社の将来を経営陣自らが奪っているのと同じといえる。私は社長に就任するとき、任期６年で引退すると宣言した。結果、社長を６年、会長を６年務め完全引退した。

つべこべ言わずに任せなさい！

相談役や顧問の話もあったが、そこで初志がぶれないよう、あらかじめ任期6年を宣言していたものの、一方で寂しさや心引かれる気持ちは否定できない。後ろ髪を引かれる思いにふらつきそうにもなったが、諸般の事情もあってすべて断念する結果となった。

ひとつでも小さな例外をつくると、必ずそこから規律は乱れてくる。有言実行は、人が信頼を得るための基本中の基本である。

年長者が、いつまでも座席を占有していては、若い人たちの邪魔である。

若い人は未熟だから、安心して任せられないという声を聞くことがある。だがリーダーは未熟でよい。成熟するのを待っていては、だれも永遠にリーダーになれない。周囲の声に素直に、積極的に耳を傾けることができるのは、自分が未熟とわかっているからだ。

私がリーダーの条件として第一に挙げているのは、「自分は物事を知らないと自覚していること」である。広く学び、森羅万象の真理を追究してわかることは、「自分がほとんど何もわかっていない」ということだ。

3 いつの時代も変革期には若者が活躍する

だが、席を譲られるべき若者たちにも問題はある。内閣府の「我が国と諸外国の若者の意識に関する調査」（平成30年度）では、日本の若者の意識を国際比較している。

この調査では、日本の若者は諸外国の若者に比べて、うまくいくかわからないことに対しチャレンジする意欲に乏しい、自分自身に満足している若者が少ないという結果となっている。

この調査結果を見ると、本当に若者に任せて大丈夫かと、訝《いぶか》る向きが出てくるのも宜《むべ》なるかなという気がする。

しかし、それは新入社員に大事な仕事をさせず、新しい仕事を任せないままにして、新入社員が辞めると「いまどきの若い者は根気がない」と批判をするのに似ている。

人は大事な仕事を任されれば、会社や上司の信頼と期待を感じ取り、それに応えようと

図1-1　若者の意識の国際比較

「うまくいくかわからないことに意欲的に取り組む」との問いに対し、「そう思う」「どちらかといえばそう思う」と回答した者の合計。

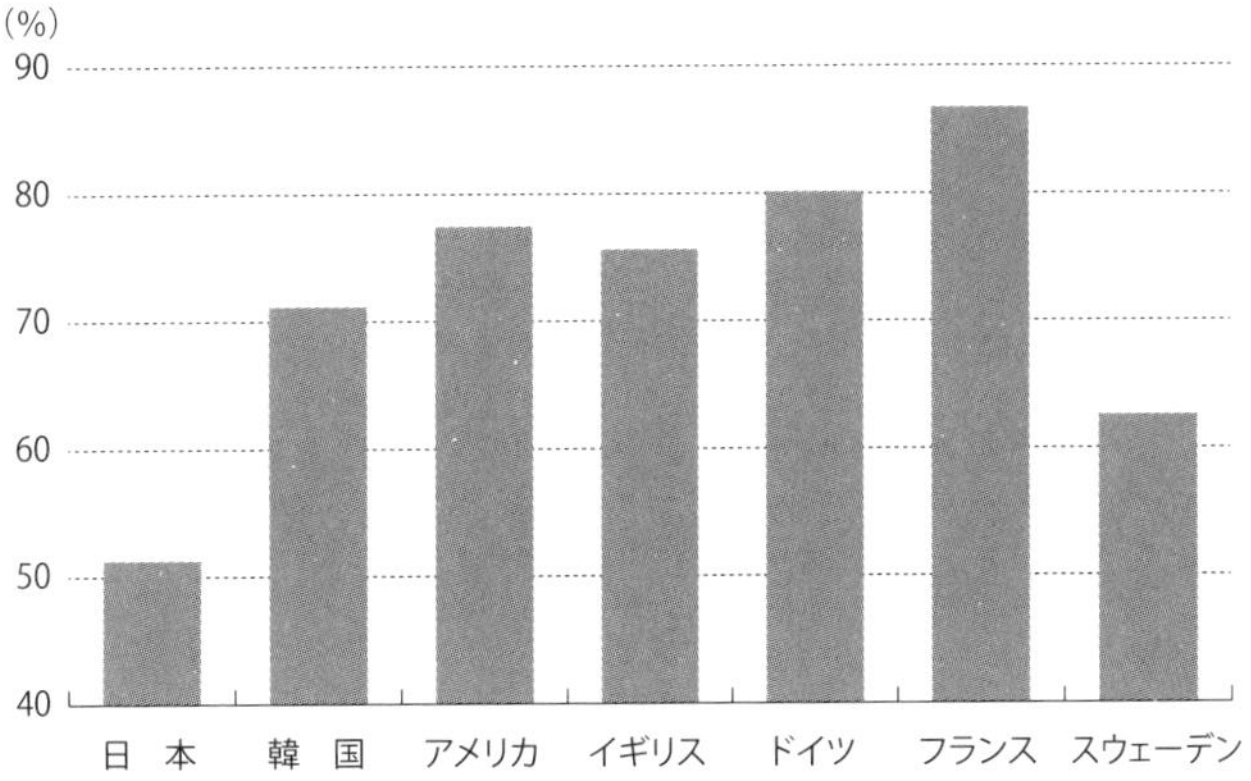

「自分自身に満足している」との問いに対して、「そう思う」「どちらかといえばそう思う」と回答した者の合計。

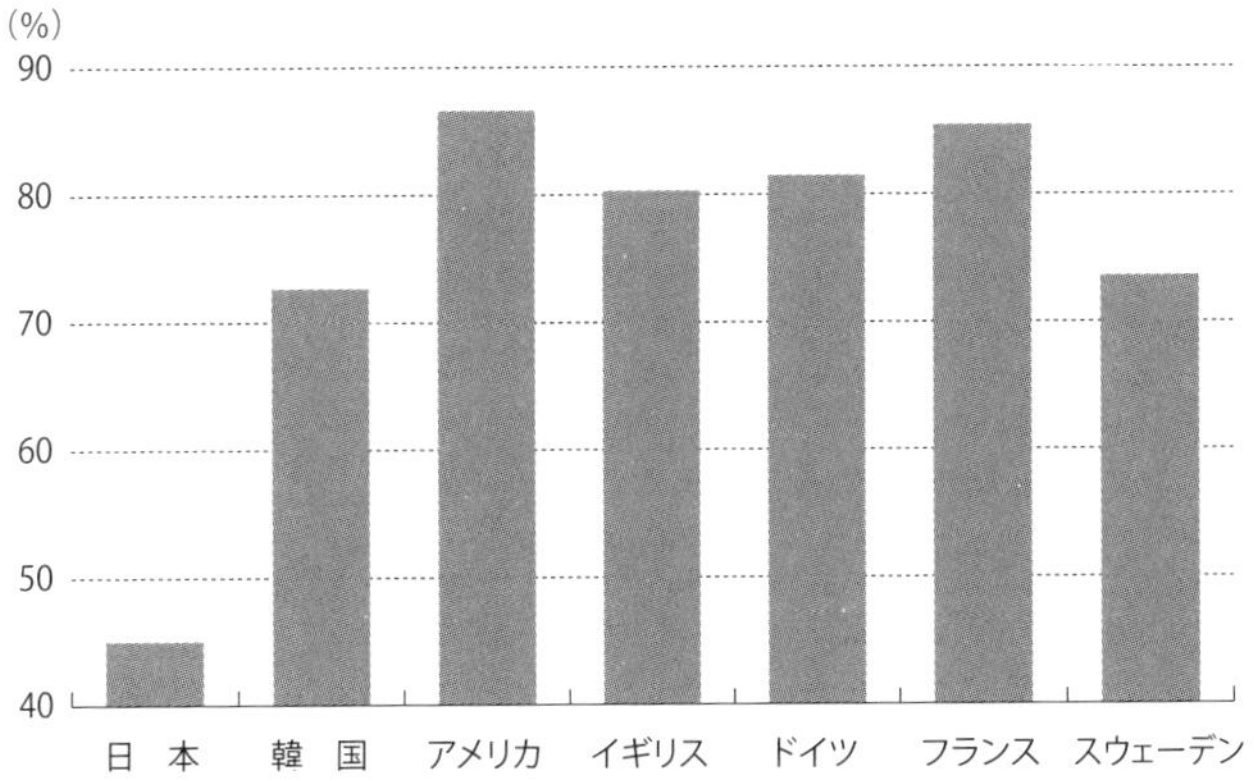

（出所）内閣府「我が国と諸外国の若者の意識に関する調査」平成30年度

意欲に燃えて全力を尽くすのである。会社に入って、やる気が出ないという状態の新入社員がいたら、少なくともその原因の半分は上司にある。

若者はもっと海外に行くべきだ！

２０１６～17年のハーバード大学（学部＋大学院）の出身国別留学生数は、中国人９２１人、韓国人３０５人、日本人１０７人と、日本人は中国人の9分の1程度、韓国人の3分の1程度である。

国としては、韓国の人口は日本の半分に満たないが、ハーバードの留学生では韓国人学生が3倍だ。中国の人口は日本の約11倍だから、中国人留学生が9倍というのは妥当といえる。

しかし1人当たりＧＤＰでは、まだ日本の5分の1程度の中国で、2年間のビジネススクールで10万ドル以上の留学費のかかるハーバードに、日本の9倍の留学生がいるというのは力の入れ方が日本とは違うことを物語る。

２０１０年のワシントン・ポスト紙によると、アメリカの大学に留学する日本人の数は、２０００年以降減少を続け、学部生でマイナス52％、大学院生でマイナス27％となった。

ここ数年の日本人学生の海外留学件数も、文部科学省によると、５万５０００人前後と横ばい傾向にある。ワシントン・ポスト紙が調査した頃とそう変わっていない。

日本人は、ハーバードやＭＩＴなどの難関名門校に入れないということかもしれない。

私はこれからのエリート、企業や国のリーダーの条件には海外留学、あるいは海外生活は欠かせないと考えている。アメリカの一流大学に日本人が入れない状況であれば、日本の衰退を危惧せざるを得ないが、そんなことはありえない。

日本にいて、日本人とだけ交わっていてはイノベーションは起きないのと同じだ。

異なる文化がぶつかって新しいビジネスは生まれる。イノベーションとは「化学反応」の結果でもある。若いうちに日本と異なる文化、価値観を経験しておくことは大事なことだ。グローバリゼーションは、日本がこれから生きていくために避けて通れない道である。

若者は日本に閉じこもっていては駄目だ。もっと海外に出ていくべきだ。

見識ある老人は、若者にチャンスを回せ！

時代の変革期には、経験や実績のない若者が活躍する。

終戦直後は、それまでの多くの指導者たちが公職追放となった。その穴を埋めたのは若い世代だ。一世代、二世代若返って戦後の復興は進んだのである。

同じことは明治の初めにも起きた。明治時代を実際に築いたのは、まだ20代、30代の若者たちだった。

実業家の渋沢栄一（１８４０～１９３１）が第一銀行を設立したのは33歳、岩崎弥太郎（１８３５～１８８５）が三菱商会をつくったのが38歳、五代友厚（１８３６～１８８５）は42歳のときに大阪商法会議所をつくった。

若くして全権を任されて、実績を残した人物は少なくない。今日の若者に、それができないということはないはずだ。

しかし、終戦直後や明治の初期に若い人にチャンスが回ってきたのは、一世代前の人々が社会からいなくなったり、没落したためという特殊な事情があった。

今日の日本で行われるべきは、瀬島龍三氏やお世話になった諸先輩のように、老人が自ら席を譲ることである。

自ら席を譲るという、いわば身を切る決断ができてこそ、豊かな経験から得た見識を持った老人といえるのではないか。

席を譲ったら何もすることがなくなるというわけではない。簡単ではないが、求められれば力を貸し、若者の邪魔をしない仕事に力を注ぐのも人生だ。

4 ネガティブリストで働けばＡＩに勝てる

ネガティブというと、何か悪い意味に捉えてしまいそうだがそうではない。大雑把な言い方をすれば、「やってよいことしかやってはいけない」のがポジティブリストであり、「やってはいけないこと以外は何をやってもよい」のがネガティブリストである。

やってよいことしか許可しないというのは、人間よりも機械に向かって命令するときにこそふさわしい。ＡＩやロボットを実際に動かしているコンピュータープログラムは、まさにポジティブリストでつくられている。機械には、やってはいけないこと以外はやってよいという判断はできないのだ。

人間には、機械にはない自由な発想と広がる想像力がある。

ときには、それが見当外れで大間違いということもあるが、その試行錯誤は人間を賢くするし、イノベーションもそこからはじまる。

やってよいことしか許さないというポジティブリストで仕事をさせるというのは、強力な縦型官僚社会であり、人間だけが持つせっかくの能力を発揮させず、機械に劣る働き方をさせることである。

信用を失うこと以外は何をやってもよい

私は、入社した頃からネガティブリストで仕事をさせてもらってきた。

ネガティブリストで仕事をさせる職場とはどういう職場かというと、新入社員であってもその能力・仕事のでき具合に合わせてどんどん権限を与え、現場を任せ、自由に仕事をさせる職場である。つまり、若いうちから仕事を任せられる職場ということだ。

権限を与えられ、ある程度自由に仕事ができるというのは、やりがいも感じられるし、そもそも仕事が楽しい。仕事は、本来楽しくなければよい仕事はできないものだ。だから商社は面白いという人が多い。

やってはいけないこと以外は、何をやってもよいのだから、アイデアも次から次へと湧いてくる。仕事で壁に突き当たったときも、打つべき手に制限が少ないから、いろいろな方法が試せる。そうやって自由な発想で、仕事に取り組めるというのは、壁に突き当たったときの苦労さえも楽しむことができる。

ホンダの創業者、本田宗一郎（１９０６～１９９１）も「自分のアイデアではじめた仕事は、苦労も楽しいものだ」と言っている。若い社員には早いうちから権限を与え、仕事を任せ、苦労させ、苦労を楽しませることが大切である。

私は部下に、「信用を落とさなければ何をやってもよい」と檄《げき》を飛ばしてきた。大事なことは人も企業も信用である。信用を毀《き》損《そん》することをしなければたいていのことはＯＫだ。国の信用、会社の信用、そして個人の信用を落とすことだけはしてはいけない。ここを踏み外さなければ、あとは大いに苦労を楽しみ、成果をあげればよいだけだ。

ポジティブリストで仕事を制限すれば、目の前にある決められた仕事を正確にこなすだけで、大物が視界に入って来てもみすみす逃すしかない。

それでは成長もイノベーションもありはしない。

21世紀は会社のために働くだけでは不十分だ

仕事というのは世のため、人のためにある。

そうでなければ、だれもその仕事に対価を払ってくれない。イノベーションも同様だ。

世のため、人のためにならないイノベーションではない。

私は部下が「社長、私は会社のために一生懸命やっています」と言うと、「君それは違うだろう」と答えていた。会社のためよりも大事なことがある。

住友大阪セメントのＯＢが、若い頃に東欧に出張したときの話をしてくれた。同地に赴任していた商社の若い社員と懇親会を持ったそうだ。そのとき「彼らは一様に、自分たちがどうやってこの国の社会と人々に貢献するかを熱く語ってくれた。その真摯《しんし》さと情熱に強く心を動かされた」と言う。

近江商人の三方よしとは「売り手よし、買い手よし、世間よし」である。だが、それだけでは21世紀を生きる世界企業としては不十分だ。

赴任先の国と社会、国民のために貢献することで、それが会社の利益となって返って来る。「会社のためだけ」を優先しては、世界で活躍する日本企業としては不十分であり、利益は長続きしない。それではいつまで経っても世界の信用は得られない。

目先の利益ばかりを追いかけるポジティブリストで仕事をしていては、仕事本来の姿、商売の道を見逃したまま人生を過ごすことになる。

だから、ネガティブリストで仕事をしなければいけないのだ。特に技術者や開発事業者には必須の条件だ。

5 氷河期世代を「8050問題」の当事者にするな！

就職氷河期といわれた時期に、大学や高校を卒業した人たちは、現在30代から40代の後半になっている。就職氷河期とは、おおむねバブル崩壊後の1993年頃から2004年前後の企業が新卒採用を絞っていた時期を指す。1990年代後半から2000年代の初めが、氷河期のピークといわれる。

彼らの1～2年先輩まではバブル入社組であり、バブルは崩壊したとはいえ企業から引く手あまたの環境で就職している。

就職氷河期に遭遇した彼らは、困難な就職活動を強いられ、何割かは就職機会を得られず、フリーターや派遣労働といった非正規雇用に就いた。

就職氷河期に非正規雇用に就いた人々は、多くがその後も続く氷河期の中で年齢を重ねたため、収入の低い職種のまま非正規雇用を続けている。そのうちの何割かが、いわゆる

「引きこもり」となってしまっているのかもしれない。

中高年の引きこもりと言えば、いま、80代の親が50代の引きこもりの子供の面倒を見るという「８０５０問題」が社会問題になっている。内閣府が２０１９年に発表した実態調査では、40歳から64歳までの「引きこもり」は推計で約61万人とされている。

氷河期世代は「団塊ジュニアの世代」でもある。このままでは、10年後には団塊の世代が、引きこもりの団塊ジュニアの面倒を見ることもあり得る。言うまでもなく団塊の世代と団塊ジュニアは、日本の人口ピラミッドのボリュームゾーンだ。この層で「８０５０問題」が起きれば、社会に与えるインパクトは今日の比ではない。

氷河期世代とは、いわば貧乏くじを引いてしまった世代である。彼らにチャンスを与えることは、日本の30年後にとっては極めて重要なことなのだ。

貧乏くじを引いた就職氷河期世代を救え！

政府も「就職氷河期世代」の支援策に取り組んではいる。

たとえば30代半ばから40代半ばの非正規で働く氷河期世代を正社員として雇った場合、その企業へ助成金を出す、あるいは企業や自治体と連携した職業訓練などを行うという。

それでも就職氷河期以降、非正規雇用の数が伸び続けていることを見ると、その効果のほどがいかほどのものか心もとない。

非正規雇用で働く人の多くは正規雇用を望んでいる。それは10年前、20年前から変わっていない。望んで非正規で働いている人は、どの時代の統計を見てもわずかだ。

大企業では、数年前から非正規雇用の人を正規の雇用形態に変える動きが出ている。だが、長くパート・アルバイトの現場で働いている人は、なかなか正規雇用のチャンスに恵まれないことも事実である。

一方、中小企業では著しい人材不足に苦労しているところも多い。年齢的、技能的に、企業が求める人材像と非正規雇用で働く氷河期世代にギャップがあるのは当然だ。

雇用のミスマッチによって、双方の機会損失が生じている可能性は高い。

企業の減少が懸念されるような自治体は、もっと積極的にＥＳＧ（Environment（環境）、Social（社会）、Governance（ガバナンス））意欲の強い企業と連携して労働力を誘致する活動を行ってもよいはずだ。

企業に人材が集まれば、自治体も人口増加となる。30代から40代の世代が、きちんと家庭を持てる環境と収入が用意できればそれも不可能ではない。

そのためには、企業はこの世代を正社員として採用し、社内教育に予算を投入して「人材こそ企業の資産」を実行に移すべきだろう。

近年、過去最高を更新し続け、膨れ上がった大企業の内部留保は、日本企業が「株主第一主義」でやってきた結果である。一方、労働者の賃金は、ほとんど上がっていない。株主第一主義では、長い時間をかけて技術者を育てるより、技術のある会社を買ったほうが、短期間で株価が上がってよいという考えも成り立つ。これでは人を大切に育てる、人材こそ資産という考えなど生まれるはずはない。

しかし、株主最優先の本家アメリカでは流れが変わってきている。

アメリカの主要企業が参加する団体「ビジネス・ラウンドテーブル」（会長はＪＰモルガン・チェースのジェイミー・ダイモン（１９５６生）ＣＥＯ）は、２０１９年８月に数十年続いた株主最優先を反省して見直し、「新しいステークホルダー資本主義」の推進を主張した。

新しいステークホルダーとは、顧客、従業員、取引先、地域社会、長期株主である。

アメリカでは、格差の激しい世界経済の下での株価と株主一辺倒の経営に疑問符が打たれはじめている。元来、人材育成を経営の中心に据えてきた日本企業の経営者は、アメリカのこうした動きにも注目し、もう一度ゲマインシャフト的考えを持つ日本企業こそ、その強さの原点について考えてみるべき好機到来と自覚すべきである。

6

もっと高齢者が社会参加できる機会を増やせ！

高齢者人口が全体の3割を超え4割に近づくなか、年金の支給開始年齢は引き上げられ、支給額も減る可能性が高い。生活する上で、十分な経済基盤を持てない人もいる。65歳、70歳を過ぎても収入を得るために、働かざるを得ない人がいることも事実だ。経済的な理由ではなく、健康のために働くという人もいる。

地方に居を移し、農業をしながら暮らすという人も何年か前から増えている。リタイアを機に、やりたかった仕事をはじめるという定年起業家もいる。年を取ったら自分の好きなことを仕事にして、自由にやるというのはひとつの理想の姿だろう。

年を取ってからの仕事は、それぞれが事情に応じて自由にやればよいというのが基本だ。若者に席を譲れと言っても、人によっては、企業から請われればアドバイザーを引き受けることもあってよいだろう。

私は、老人が若い世代の出番を邪魔してはいけないと言っているのであって、老人の完全引退を勧めているわけではない。

私自身、求められるままに日本全国へ講演に赴き、仕事で海外へ行くこともある。

著作活動は経済的な活動ではないが、社会のため、特に若い人たちに体験談や仕事・人生論を遺言のつもりで書き記している。

元経営者が小中学校の教壇に立ってもよい

リタイアした後も、健康ならば働けばよい。

しかし、定年後に改めて働ける職場を探すとなると、現状では職種に限りがある。社会はもっと高齢者が働ける機会を増やすべきだろう。外国語のできる人には、外国人観光客（インバウンド）を相手にした通訳やガイドもできるはずだ。年間の収入としては大した金額にならないだろうが、年金所得以外でも納税する人が増えるかもしれない。

あるいは社会人として鍛えた能力や学んだ知識を生かして、地域の小中学生に教える機会がもっとあってよい。学校では世界史を教えている教員で、実際に長く世界を見てきた人はそう多くないはずだ。赴任地で見てきたこと、感じたことを、当時の記録画像と共に話せば、小中学生のみならず教職員にとっても有意義なはずである。

私は中学生を相手に講演したことがある。信頼できる知り合いから、ぜひここの中学生を相手に話をしてくれと頼まれたのだ。中学生を相手に講演したことはなかったが、私は普段ビジネスマンに話すことを、少しだけわかりやすく話した。

中学生が、経営の話を聞いても得るものはあるのだ。元経営者、元政治家、元大学教授が小中学校の教壇に立つというのは、想像しただけでも興味深い。

いま学校の現場では、教員の過労が多いと聞く。リタイア人材を教育の現場で再活用するのは、若い教職員の負担軽減にとっても有意義なのではないか。

教職の資格がない人は教壇に立てないというのであれば、課外授業でもよいし、放課後の時間を使ってもよい。中学生も高校生も、体験談や新しい目での真実は何かを、興味のかたまりのように真剣に聞いてくれる。社員に話すよりも熱が入るものだ。

お金よりも自分が楽しめる仕事を

リタイア後にも、老人が何らかの社会参加のできる機会をつくるというのは、具体的には地方公共団体が音頭を取って進めることになろう。

だが、年金財政を補完する一環として高齢者の社会参加を考えれば、そこには無理が生じる。確かに年金受給者が収入を得るようになれば、年金支給額が減ることもあろうが、それは結果のひとつであって目的ではない。高齢者の収入を増やして、年金支給額を減らそう、あるいは税収を増やそうと考えれば制度はいびつなものとなるはずだ。

老後の生き方の選択肢を増やすことで、高齢者がより豊かな人生を送る機会をつくる。これが高齢者の社会参加の目的だ。

支えられる人を減らし、支える人を増やすということではない。

とはいえ、高齢者といえどもタダ働きでは、生きがいも、やりがいも、責任感も、達成感もない。そこには一定の対価が必要である。

しかし定年後の起業を見ても、経営コンサルタントのような、現役時代と同様の収入を得ることを考えては仕事の成功率は低い。

リタイア後も一定の収入を必要とする人は致し方ないが、収入にこだわる必要がない人はもっと自由な発想で仕事を捉えたほうがよいように思う。

言うまでもないことだが、年を取ったら、自分の経験と知識を生かし、お金よりも自分が楽しめる仕事を選ぶべきだ。

第2章

働き方は自分の意思で決めろ!

働き方とは、すなわち生き方である。働き方を変えるというのは、生き方を変えることに等しい。だれでも自分の生き方は自分で決める。人の生き方は自由だ。ならば働き方も本来自分で自由に決めるべきことである。

1

「休め」と命令される働き方は人間の労働とはいえない

２０１９年４月から、働き方改革関連法が順次施行された。

私は、このいわゆる「働き方改革」については失望感を持って捉えている。そもそも流れ作業以外どういう時間配分の働き方をしようと、それは働く者が決めることである。軍隊と違い、ロボットのように「休め」「働け」と命令される働き方は人間の労働とはいえない。極端な言い方をすれば、いつ、どうやって働くかは働く人が決めればよいことで、社長でさえ指図するようなことではないと私は考えている。

私は新入社員のときから手取り足取り、ああしろ、こうしろと上司に言われて仕事をしたことがない。上司に報告や相談はしたが、仕事のやり方は自分で決めていた。上司も、あれこれと口を挟まなかったと思う。ましてやお上に言われることではない。

そもそもお上から「早く帰れ」と言われて、帰れるような余裕のある職場がどれだけあるだろうか。

日本は人口減少社会の時代に入っており、今後の日本は働く人、一人ひとりの生産性を高めなければ生きていけない。働き方改革と言うならば、労働生産性を高めるための環境整備や関連法を見直すことこそ急務ではないか。

けっして長くない日本の労働時間

世界的に見ると、我が国の年間平均労働時間は、けっして突出して多いというわけではない。ＯＥＣＤ（経済協力開発機構）が、２０１８年に発表した世界各国の年間平均労働時間によれば、２０１０年に財政危機に陥ったギリシャの国民のほうが、日本人よりも多く働いている。データでは、アメリカ人のほうがむしろよく働く。

ＩＬＯ（国際労働機関）の統計でも、やはり日本の労働時間は中位にある。中国人は日本人より２割ほど多く働いている。

無論、パートやアルバイトという短時間労働者もいる。平均値が、必ずしも現実を映し出さないのは常識だ。しかし、同様の事情は諸外国にもある。

今後20年、30年と人口減少が進む日本で、労働時間に上限を設けることが、本当に最善

図2-1　年間平均労働時間ランキング（2018年）

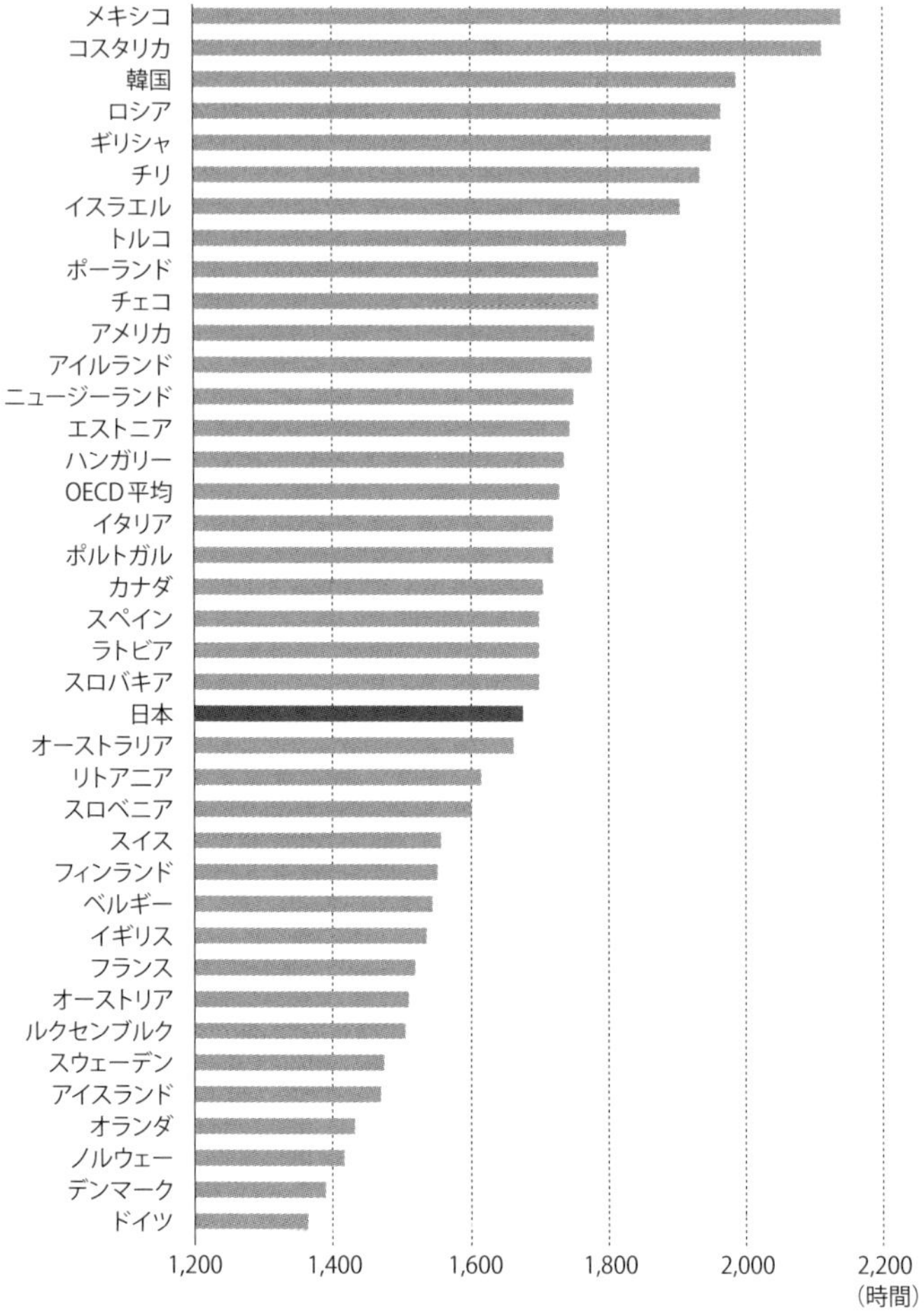

（出所）OECD Data

の政策なのか。改めて問題提起をしたい。

コスト削減だけの生産性向上は邪道

中国では、大学卒の初任給は１万元ほどである。日本円に換算すれば15万円程度だ。彼らに「よくそれでやっていけるね」と言うと、「残業しなければ生活できません」と答える。もし、彼らに残業禁止の働き方改革をさせれば、ただちに死活問題となってしまう。

日本でも同様のケースは少なくない。全労働者の４割近くを占める非正規労働者の給与は時間給が多い。働く時間が減って、彼らの生活が脅かされるようでは、何のための働き方改革なのか。働き方改革には、ひどく不条理な側面が見て取れる。

働き方改革の趣旨とは、生産性の高い働き方をしろということらしい。

それも国に言われる筋合いではないが、では生産性の高い働き方とはどういう働き方なのか。そこは自分で考えろということだ。

無策のまま生産性を上げようとすれば、コスト減らし、従業員減らしへと企業を誘導しかねない。再びデフレを招く悪循環に陥る恐れさえある。

こんな働く人と働く価値を無視した政策は、早期に見直すべきだ。

2

角を矯めて牛を殺すことなかれ

働き方とは本来、社員と会社の信頼ベースで成り立つものであり、それぞれ働く人の意思で自由に決めるべきことである。

働くとは相手のあることなので、職種によっては個人の意思だけでは決められないが、いつ、何を、どうやるかという計画は本来働く人の自由裁量でやってよい。

自分の計画で仕事をしてこそ、仕事に達成感も味わえる。また、自由裁量があってこそ、人は知恵を振り絞って、自分の頭で最善の方法を考えるものだ。

一律に時間外労働は何時までと決められ、働く時間を制約されるのは、人間の働き方には適さない。

日本の製品やサービスが世界から信頼されているのは、日本人が仕事の品質を時間と引き換えにしないことにある。たとえ残業をしてでも、最高の品質を求める。手抜きをしないところに日本人のよさがある。それが世界から信頼される所以だ。

時間が来ましたから、これでさようならでは、取引先から信頼されないし、何よりも当人にとって仕事は面白くならない。

社会人には「アリ」と「トンボ」の段階がある。

入社10年目まではアリで地べたをはい回ってでも働く。そうして仕事を覚えてきて30代、40代の頃には、複眼を持ったトンボになって広い空を自由に飛び回れる。

さらにそこから成長し、トンボは「人とは何か」を考えるようになって「人間」となる。

人をマネージメントする管理者は、アリでもトンボでもなく、血の通う人間でなければならない。

しかし、「アリ」と「トンボ」の時間があって、はじめて人は「人間」になれるのだ。

この体験と勉強の貴重な時間を国から勝手に制限されては堪らない。

部下を気遣う一言をかけることが上司の役割

長時間労働によって、心身に不調を来したり、過労死を招くような働き方まで認めているわけではないし、休みをとれず家族と過ごす時間もないというような状態を改めるべきなのは当然のことだ。

常態的に長時間労働を強いているような悪質な職場には、労働時間の上限規制や年次有給休暇の取得義務が功を奏すかもしれない。

弱い立場の労働者が、とりわけ中小企業の労働者が、安心して働ける環境を整えることはもとより重要なことである。

だが、悪質でも何でもない企業にまで一律に法の網をかけて、働き方を制限するのは、それでなくても衰退傾向にある我が国の企業の力を、さらに奪うことになるのではないかと懸念しているのだ。

企業内には労働時間よりも、もっと注目すべきことがある。

心身をむしばむほどの長時間労働に苦しんでいる部下がいたら、上司が気づかなくてはいけない。その兆候を見逃して、事態を深刻化させるのは、労働時間よりも上司の無責任な管理にこそ原因がある。

「時間だから帰れ」ではなく、「無理をするな。今日はとにかくもう帰りなさい」と部下を気遣う一声をかけることが上司の役割である。

上司は早々と帰り、部下は強いられた残業では、働くほうは不満が鬱積《うっせき》するのは当然だ。

ブラック企業、悪質な職場とは何か

だれが、どういう状態であろうと、自分の仕事さえうまくいっていれば他人のことなど知ったことではないという非チームプレーが蔓延している職場を悪質といい、そんな状態を長年許している企業はブラック企業と呼ばれるべきだ。

日本人の強みは、仕事をチームプレーでやることにある。

働く時間に制限をつけることよりも、肝心なのはチームのリーダーや上司が、部下の体調や働き方を見守ってマネージメントすることにある。部下の時間管理だけをしていても、良質なマネージメントは行えない。

上司が、残業制限のタイムキーパーでしかない職場に、生産性を求めるなど本末転倒だ。注視すべきは時計ではなく、部下の表情と行動である。

一律に労働時間で網をかけてしまえば、チームリーダーや上司の本来やるべきマネージメントがますますおろそかになり、無責任上司ばかりが増えかねない。

それでは日本企業は衰退するばかりだ。

3

給与を上げれば生産性は上がる

現在60歳以上の日本人は、２０２０年東京オリンピックを昭和の時代に開催された１９６４年の東京オリンピックと重ね合わす世代だ。

１９６４年は、元号でいえば昭和39年、池田勇人（１８９９〜１９６５）内閣による国民所得倍増計画の４年目であり、世界から奇跡といわれた高度経済成長期がはじまったばかりの頃である。

テレビ、洗濯機、冷蔵庫は、三種の神器と呼ばれ、家電は人々のあこがれだった。あこがれの品に手が届く水準に、一般の人々の給料も上がった。

その後、あこがれの品は３Ｃ（自動車、クーラー、カラーテレビ）に代わっていくが、経済成長に合わせ上がっていく給与水準は、その後も消費を支え続けた。

多くの株主を満足させ、社会に分厚い中流層をつくったのが高度経済成長期である。

図2-2　経済成長率（実質GDP）の推移

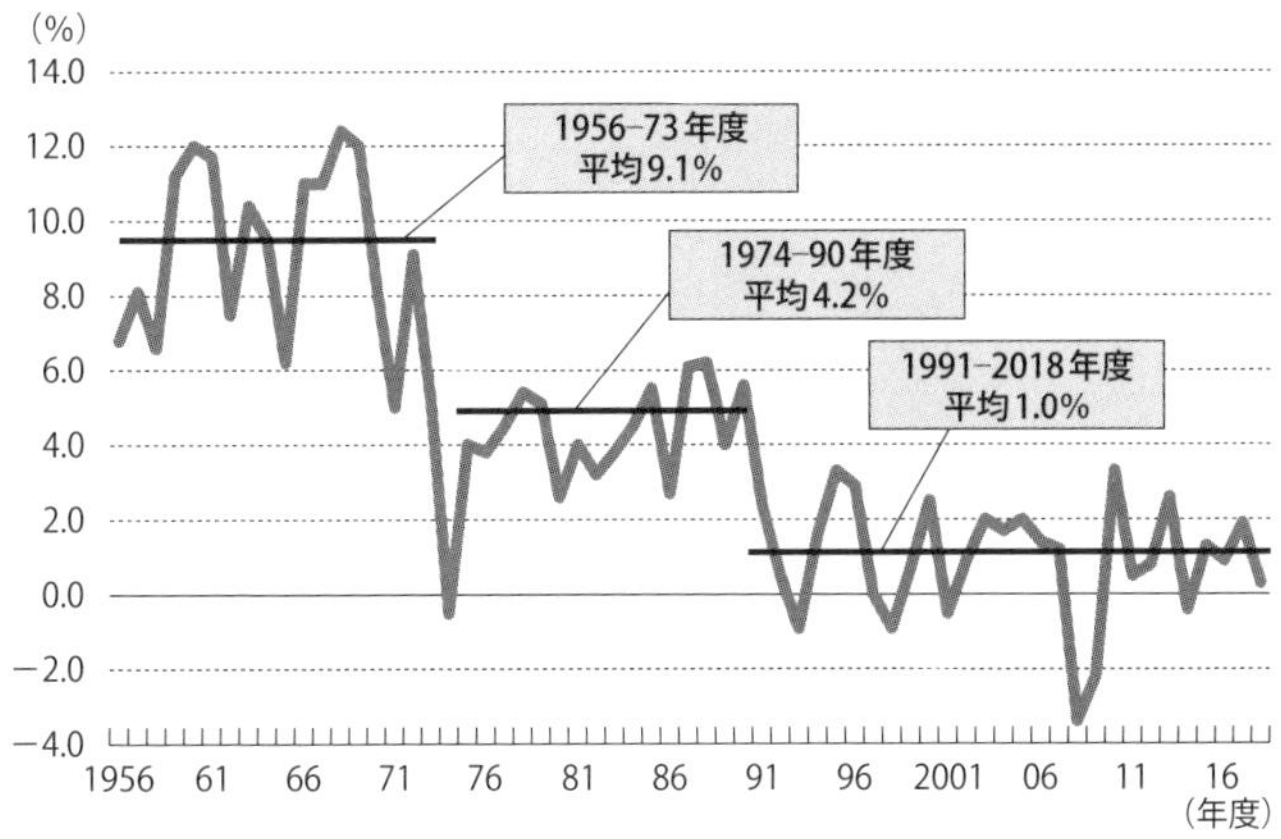

（出所）内閣府「国民経済計算」

１億総中流社会といわれ、ほとんどの日本人が「自分は中流である」と疑わなかった。

国中が発展の熱気に包まれ、その象徴が１９６４年の東京オリンピックであり、１９７０年の大阪万博といえよう。

この15年間は、年平均給与上昇率は大企業で15・５%、中小企業で16・５%という日本人にとって強烈な成功体験であり、鮮やかな成功の記憶として刻まれている。

高度経済成長期は、１９７３年の第一次石油ショックまで続く。

この間の平均成長率は９%を超えていた。オリンピック後の景気の落ち込み、ドルショックなど成長率が落ちたときもあるが、５%を割り込むことはなく、10%を超える成長が続いた時期もある。

石油ショックで、いっときマイナス成長に陥ったものの、日本経済の成長率はその後も４％のラインを行ったり来たりしていた。

４％前後の成長率というのは、高度経済成長期の２ケタ成長に比べれば、たしかに見劣りはするものの、ほとんどの年で３％にさえ届かずに平均１％にとどまった、バブル崩壊後の平成の成長率から見れば上出来と言える。

40代以下にとって低成長は当たり前

日本経済は戦後大きく成長した。

昭和の終わり１９８８年（昭和63年）の国民所得は、戦後の１９５０年（昭和25年）の約89倍である。

「明日は今日よりもよい日になる」と、日本人全員が素直に信じることのできた時代だったことがこの数字からもわかる。

そのせいか60歳以上の日本人は、昭和の高度経済成長神話から容易に抜け出せない。

過去の成功が、新たな成長の阻害要因となることは、ビジネスの世界でもよくある。人間はバラ色の過去を否定したり、忘れたりすることが、簡単にはできないのだ。

　しかし、過去への郷愁からイノベーションは生まれない。

　昭和が高度成長から安定成長の時代とするなら、平成は低成長の時代である。

　昭和の時代に形成された分厚い中流層は、平成に入って消滅していく。そうしてすでに30年近い歳月が過ぎている。現在30代から40代の日本人にとっては、低成長が当たり前であり、それが常態としての日本経済だ。

　恐らく彼らには中流意識などまったくないだろう。

　しかし、それでも日本人の多くが依然として高度経済成長神話を捨てきれていない。２０１２年に第２次安倍晋三（１９５４生）内閣が発足したとき、安倍首相はアベノミクスを唱え、日銀は「異次元の金融緩和」で応えた。

　それまで、２０１１年の東日本大震災で痛烈なダメージを受け、貿易収支が悪化してもなお円高であった為替市場は、安倍首相就任をきっかけに円安に舵を切った。

　円安は輸出企業の業績を押し上げ、業績は株価に反映し、１万円を割り込んでいた株式市場も倍近くの上昇となった。

　このとき、ある年齢から上の世代の何割かは、アベノミクスにバブル経済の再来を期待しただろうし、オリンピック招致の動きに、前述したとおり昭和の高度経済成長を重ね、高度経済成長神話の再来を夢見ていたかもしれない。

人口減少は必ずしも社会の衰退を意味しない

人口減少社会にあっては、昭和の成功モデルでは下降線しか描けない。

現在、社会に「人口減少悲観論」が蔓延しているのは、昭和の成功モデルをベースに日本の将来を予測しているからだ。

一方、人口減少悲観論に異を唱える人々もいる。

経済成長のカギを握るのはＧＤＰそのものではなく、「１人当たり」のＧＤＰを決める労働生産性であると主張する経済学者の吉川洋立正大学学長もそのひとりだ。

「年率２％ほどの労働生産性の伸びがあれば、１・５％程度の実質経済成長は可能です。２％の労働生産性を維持できれば、35年後の日本人は現在の2倍の購買力を持つことになります」（吉川学長）

国全体のＧＤＰは人口が減れば、大小は別として、同じように減っていくことから逃れられない。ＧＤＰの成長率を国の発展の基準としていては、どうしたって日本の未来には希望の光は見えてこないことになる。

一国のアウトプットは〈量×質〉の結果と言うこともできる。質、すなわち生産性から見ていけば、人口が減っても、それに見合うだけの労働生産性が上がれば全体のアウトプットは変わらない。

吉川学長が言うように労働生産性を上げることに力を傾注すれば、人口減少は必ずしも社会の衰退を意味しないことになる。

労働生産性を上げるには、まず働く人の給与を上げることからはじめるべきだ。

10時間かかっていた仕事を8時間で終わらせれば、労働生産性は上がるというコスト削減ばかりに気をとられた働き方改革では、今後30年を通じて日本経済を成長させるようなペースでは労働生産性は上がらない。

給与を上げて消費を刺激し、需要を増やして、はじめてイノベーションが生まれる。労働生産性はイノベーションと共に高まるものだ。

4

リベラルアーツという武器を持て！

少子高齢化が進み、生産人口が減ったときに、日本の経済を左右するのがイノベーションだ。もしイノベーションなき社会となれば、日本は衰退の一途をたどることになるだろう。では、イノベーションとは何かという問題になる。

イノベーションというと最先端の技術開発をイメージする。思い浮かぶのは、古くは産業革命を起こした蒸気機関、エジソンの発明した電灯やフォードの自動車、新しいところでは話題の5G（第5世代移動通信システム）の技術などだ。

しかし、技術開発だけをイノベーションと捉えると現実を見誤ることになる。

フォードはT型フォードを開発し、アメリカでモータリゼーションの黎明《れいめい》となった。だがT型フォードが、アメリカ初の自動車というわけではない。自動車そのものは、T型フォード以前からあった。

フォード以前の自動車は、一部の金持ちの趣味の一環、高額な道楽のひとつだった。したがって大量生産の必要はなく、工程もほぼ職人による手製である。この段階の自動車は技術的には革新的であったものの、社会を変えるほどの底力を持ったイノベーションとはならなかった。

価値のある技術と価値のない技術

１９８０年代、ＨＤＤ（Hard Disk Drive）はおろか、まだ一般家庭にはビデオが十分に普及していなかった頃、ソニーのベータマックス方式と、日本ビクターや松下電器を中心としたＶＨＳ（Video Home System）方式が家庭用ビデオ市場で争っていた。技術的にはソニーのベータマックスに一日の長があるといわれたが、結果はビデオソフトを数多く用意したＶＨＳ連合が市場で勝利した。

技術では、何年も前に発明されたものが、時代を経て脚光を浴びるイノベーションとなるものが少なくない。炭素繊維はいまや航空機産業に欠かせない素材だが、発明されたのは、発明王エジソンの白熱電球に遡る。

その後、ロケットの部品として注目されたが、多方面の用途が期待されるようになったのは最近のことである。エジソンから実に１００年以上の歳月が過ぎている。

技術開発の明暗は、用途開発と共にある。用途開発の結果、社会的な有用性が認識され、実用化され、社会全体に普及して技術はイノベーションと呼ばれる。

日本の高度経済成長期に三種の神器といわれたテレビ、洗濯機、冷蔵庫も、技術そのものは戦前からあったものだ。

携帯電話も、小型の携帯電話をつくる技術が開発されて、社会全体に広がったのではなく、規制緩和や販売システムなど、社会的な要因によって急速に普及した。

技術には価値ある技術と、残念ながら現段階では価値のない技術がある。

技術としては非常に優れたものであっても、社会が求めない発明、発見もあるわけだ。典型的な例は原子力発電だろう。原子力エネルギーそのものは、人類の歴史上でも類を見ない発見である。だが原子力エネルギーの有用な用途は、いまに至るも確立されていない。

技術革新だけがイノベーションではない

イノベーションとは、必ずしも科学技術開発の結果ではない。

現在は曲がり角に立つ観のあるコンビニ業界だが、デパートやスーパーが退潮を続ける中でコンビニの成長は際立っていた。

コンビニ業界は、商品管理と供給にいち早くコンピューター管理を導入したものの、小売店という業種・業態は昔からあるもので、そこに技術革新という側面はない。

だが、いまや社会のインフラを担う重要な業界である。

コンビニの登場が、社会にイノベーションを起こしたことは否定できない事実だ。

ファストフードや外食産業も、技術的には何ら新しいものはないが、創意と工夫で従来にはないサービスを提供し、社会の一角を担っている。

イノベーションとは技術革新だけではない。既存の技術を組み合わせ、あるいは既存の技術だけで新しいサービスを提供することもイノベーションとなり得る。

では、イノベーションを起こすために必要なものは何か。それは社会に役立つという志と挑戦力、何が社会に求められるかを見抜く感度と情熱、それに自由な発想である。

革新的な企業がほしがる人材

いまＧＡＦＡ（アルファベット（グーグル）、アップル、フェイスブック、アマゾン）が、確保と育成に力を入れているのが「リベラルアーツ」を持った人材だ。

リベラルアーツとは、日本語では教養と訳すが、人が心身ともに健全に生きるための知恵と知識とも言えよう。

ＧＡＦＡの事業分野であるＩｏＴ（Internet of Things）などインターネットの技術は、これまで見てきたように、技術だけでは価値を生み出すことができない。情報発信なり、通販サービスなり、何らかの組合せによって、インターネットはサービスの価値を有する。

何を、どのように、どんな目的で使えば、どういったことが可能になるのかなど、柔軟で革新的な発想が伴って、社会に承認される価値のあるサービスが形成される。

そうした発想を生み出す土台が、豊かな感性と感情、広い分野の知識と見識を併せ持ったリベラルアーツだ。

つまり、これからのイノベーションには〈技術とリベラルアーツ〉が不可分・必要というのが、ＧＡＦＡをはじめとするＩＴ企業の考え方なのである。

事実ＩＢＭも新しい開発を行うとき、デザイン系の人材を入れるという。デザインとは美術系のデザインではなく、生活デザイン、社会デザインといった社会学系のデザインを指す。むしろ思想をデザインするといったほうが近いかもしれない。

技術だけの先端性や革新性では、イノベーションとはならないことを彼らはすでに理解し、それを補う行動に出ているのである。

イノベーションの芽はすでにある

社会の高齢化率が上がり、人口が減少していくという事実は、イノベーションにとって所与の条件のひとつに過ぎない。高齢化し、人口が減るという社会に求められる製品やサービスは必ずある。

その製品やサービスを支える技術も、完ぺきではなくともすでにあるはずだ。

経済成長は、イノベーションによってもたらされると吉川氏が言うように、社会全体の高齢化率が高く、20年後には人口が１００万人単位で減っていく日本が、それでも経済成長し、豊かな国であるためにはイノベーションは欠かせない。

イノベーションは、人口の規模や年齢によって起きるわけではなく、熱意ある企業家や意欲あるビジネスパーソンによって起きる。

日本が高齢化・人口減少社会になるとしても、社会の需要に応えたイノベーションが起これば、日本経済は下降の一途をたどるということはないはずだ。

5

社長の給与が最も高く、新入社員の給与が一番低い必要はない

旧態依然の企業組織のままでは、到底イノベーションは期待できない。

多くの人が持っている社長のイメージは、社内で最も偉く、会社の一番奥で堂々と構えている人。社員は、社長の命令を直属の上司を通じて受け取り、その命令通りに動くのが会社というものだと思っているようだ。

あるいは、一部の労働問題の専門家に見られるような、経営者は会社の利益を極大化するために労働者を搾取すると考えている人も多い。

労使は利益相反の関係という見方である。こうした企業観、経営者観が現実的かどうかはともかく、一般に広く刷り込まれた考え方ではあろう。

２０１８年度の大企業の内部留保は、約４６３兆１３０８億円となり、７年連続で過去最高を更新し続けている。

図2-3　役員報酬1億円以上開示企業の推移

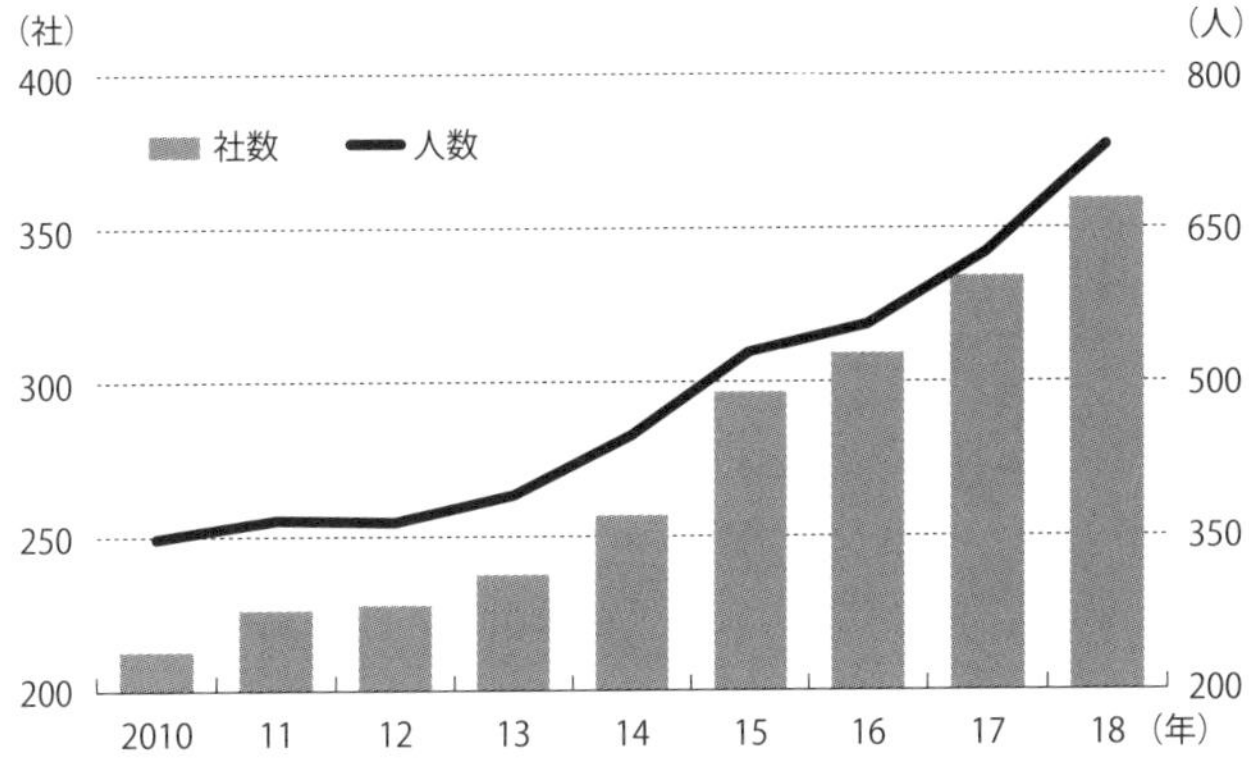

（出所）東京商工リサーチ調べ

大企業の内部留保の蓄積は異常だ。たしかに役員報酬の上昇率も、一般社員の昇給率に比べると格差があり過ぎる。

だが、それをもって労使は対立するものと断ずるのは早計と言わざるを得ない。

労使で対立などしていては、人口が減少していく中で、企業が積極的にイノベーションを起こすことなど到底不可能である。

そもそも、企業組織を労使という型で捉えることは現実の企業の現場に即していない。社長と社員は、中世の殿様と家来の関係でもなければ、軍隊における上官と部下の関係でもない。会社を一方通行の「タテ」型服従組織と捉えるのは現実離れしている。

労働者が経営者の命令通りに動いているだけでは、現代にあっては企業は生き残ることさえできないだろう。

労働組合の新たな役割

労使という捉え方では労働者の持つ最大の能力、自分の頭で考えるという強力な武器を放棄したも同然だ。労働者自ら、自己の最大の武器を放棄してどうなる。

昭和や平成の時代とは異なる局面に入った日本企業は、組織本来の持つ力を余すことなく発揮させなければならない。そのためには、経営者のみならず労働者側からの主体的な働きかけも極めて重要である。

働くということは、本来楽しいこと、生き甲斐、人生そのものでなければならない。経営者やマネージャーは現場の人々が楽しく働けるように、環境を整えるのが仕事だ。

給与にしても新入社員が最も低く、社長が一番高い必然性はない。

子供の教育費用に、最もお金のかかる中年世代の社員の給与が一番高くてもよい。会社の幹部であっても、子供も独立し家庭にお金のかからない世代になると、給与が減るという賃金カーブがあってもよい。

組合活動は弱者の側に立ち、支援するという点で意義がある。労働者の総意を経営者に

図2-4　労働組合の組織率の推移

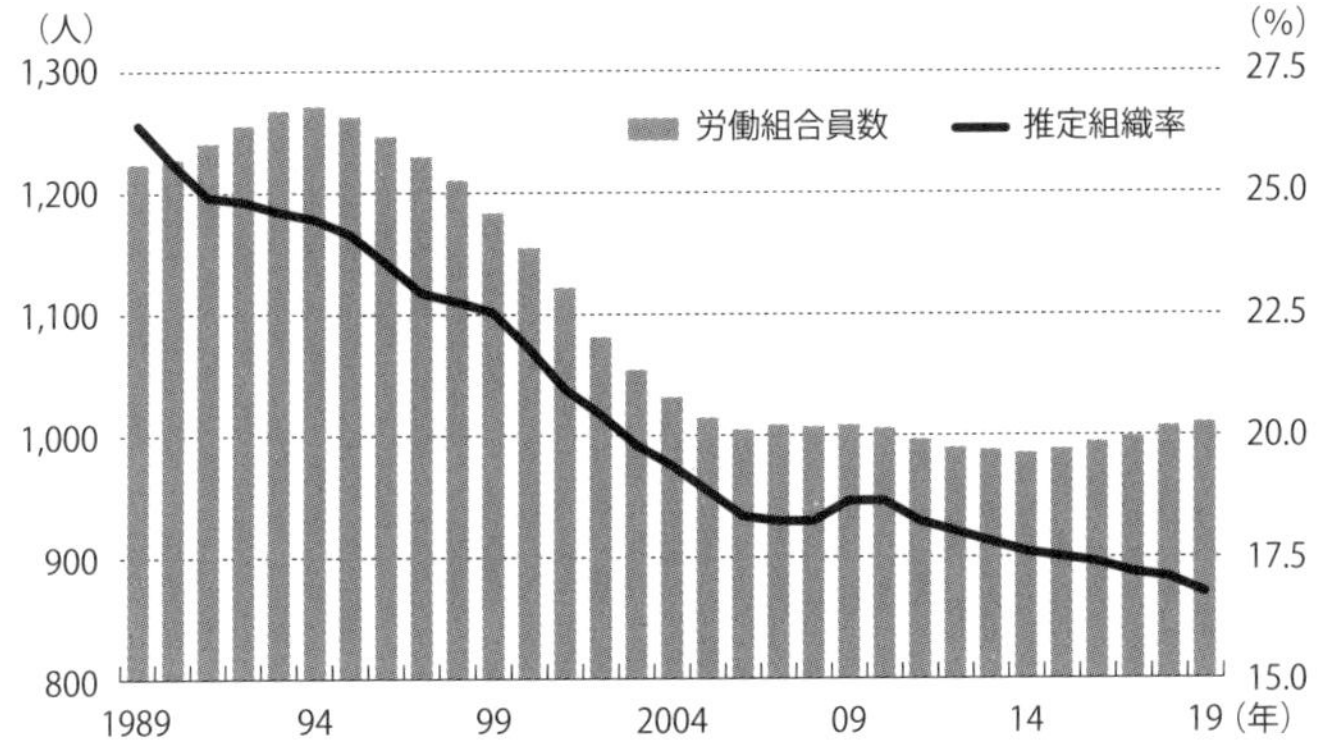

（出所）厚生労働省「労働組合基礎調査」令和元年

伝える機会はあってよい。

しかし、経営者は常に人件費コストを削ることばかり考え、隙《すき》あらば労働者から搾取することを虎視《こし》眈々《たんたん》とねらっている輩とばかり見なすのは不合理だ。

日本には３６０万社も会社があるのだから、中にはそういう経営者がいないとは言い切れないものの、経営者の大半は規模の大小にかかわらず、会社の発展のためには社員の幸福を犠牲にしてよいと考えているわけではない。

近年、組合組織率が下がっていると聞く。労使対立から抜け出し、労働者が安心して働ける環境づくりを働く側から提案するのも労働組合の役割ではないか。

会社の最大の資産が人間であり、労働者であることを忘れてはいけない。

6 競争なくして成長なし、協調なくして幸福なし

日本経済にとっても、世界経済にとっても、グローバリゼーションを抜きにして発展はあり得ない。人口減少が進行することとは別に、世界を相手にビジネスを拡大することは日本にとっての国是であり生命線である。

グローバリゼーションとは物の輸出入ばかりではない。中国には、日本の飲食チェーンなどサービス業が数多く進出している。規模は小さいものの、その成長率は高い。

サービス業ばかりではなく、日本の出版物も中国やアジアに広く流通するようになった。コミックやアニメばかりでなく、中国では日本の人気作家の作品や経営書も読者を捉えている。松下幸之助（１８９４〜１９８９）氏や稲盛和夫（１９３２生）氏の著書には、中国でも熱心な読者がいるという。

日中の出版は、ほぼ国内市場だけを相手にしていた業界である。コミックやアニメのよ

うに、翻訳を要する文字の量が少ない画像をメインにした作品は海外に流通しやすいが、文字中心の小説や経営書は、言語の異なる海外への輸出では不利に思える。それでも、海外で一定の読者をつかんでいるということは、日本の出版文化が評価されていることに他ならない。

必要なのは量より質

中国の出版市場は、まだ日本とそう変わりがない規模にある。中国の出版物は価格が安く、書籍が中心なので、書籍の市場規模という比べ方をすると、日本の2倍以上ということになるが、14億人の国の市場としては依然、発展途上にあるといえよう。

日本国内では、出版市場は年々縮小しているが、出版市場が未成熟な中国では今後も拡大が見込まれる。

30年前には日本の国内市場だけでビジネスをしていた飲食業などのサービス業、言語の問題で海外市場のことは考えてこなかった出版業も、いまや世界を相手にしたビジネスとなる可能性がある。いままで国内だけがビジネスのステージと考えていたような業界でも、世界へ出ていくことでビジネスチャンスは生まれるのだ。

海外へ市場を拡大することは、平成の時代からすでに進行しているが、海外で日本の製品やサービスが受け入れられているのは品質がよいからだ。

品質とは、製造の現場や販売の現場だけでつくり込まれるのではない。

経営者の経営方針や社員に対する待遇や教育など、品質は企業のマネージメント体質によっても大きく影響される。それに、日本人の国民性や文化も品質を支える重要な基盤だ。

こうした日本固有の品質力を失ってはならない。

リベラルアーツが競争と協調をつなぐ

一方で、世界的にはグローバリゼーションに反発する現象が各地で起きている。

ドナルド・トランプ（１９４６生）大統領のアメリカ・ファーストのみならず、ヨーロッパの移民排斥運動、イギリスのブレグジット（ＥＵ離脱）などは反グローバリズムの動きである。民間でも、貧富の格差拡大の原因はグローバリズムにあると指摘する人々がいる。

今日、世界の富の80％を１％の富裕層が独占し、この格差をつくったのはグローバリゼーションだというのが、反・脱グローバリズムを立場とする人々の主張だ。

私は、グローバリゼーションは資本主義経済発展のひとつの帰結だと考えている。

グローバルであれ、ドメスティックであれ、経済活動とは２つのCを両輪として動いている。２つのCとは“Competition”（競争）と“Cooperation”（協調）のことだ。

経済が発展するためには、競争は不可欠な要素である。しかし、競争ばかりが横行すれば必ず格差を拡大する。

そのため人々が幸福に暮らす社会をつくるには、一方で協調が必要となるのだ。だが、協調のほうを重視すれば、今度は競争力が落ちる。だから、２つのCは別々のものとしてはならない。両者はバランスよく回っていなければいけないのだ。

そこで２つのCをバランスよくつなぐのが、リベラルアーツである。

経済原理にも、社会福祉にも、経営技術も、最先端科学にも通じた博識が、グローバリゼーションに必須の「教養（リベラルアーツ）」となるのだ。

静脈産業を忘れることなかれ

イノベーションとは科学技術の分野だけではないとはいえ、日本が世界から後れをとらないためには、科学技術の分野で先端を走っている必要はある。１９８０年代の日本は「技術立国」を標榜していた。しかし、近年その足元はかなり怪しい。

表2-1　TOP10%論文数の順位（2015-17年）

順位	国	論文数	シェア
1	アメリカ	54,414	37.0%
2	中国	35,973	24.5%
3	イギリス	18,187	12.4%
4	ドイツ	15,308	10.4%
5	フランス	10,053	6.8%
6	イタリア	9,612	6.5%
7	カナダ	9,203	6.3%
8	オーストラリア	9,076	6.2%
9	スペイン	7,360	5.0%
10	オランダ	6,806	4.6%
11	日本	6,613	4.5%

（注）整数カウント。
（出所）文部科学省「科学技術指標2019」

どの国から質の高い論文が発表されているかを調べた「ＴＯＰ10％論文数の順位」では、研究開発で上位のアメリカ、中国に大きく水をあけられている。

たしかに、ノーベル賞受賞者数では、日本は中国よりもだいぶ上を行っている。だが、ノーベル賞は、例外はあるものの、多くが若いうちに研究開発していたことが、後年に実績として認められ受賞に至るものだ。現在進行形の研究開発と、過去の結果を讃えるノーベル賞では時間差が生じるのだ。

つまり、いまのノーベル賞の受賞は、過去日本の研究開発のレベルが高かったことの証明ではあっても、現在の研究開発が優れているという担保にはならない。

２０１９年、リチウムイオン二次電池開発で吉野彰（１９４８生）博士がノーベル化学賞を受賞した。吉野博士の研究も、主に１９８０年代前半に成したものである。

吉野博士の快挙に日本中が湧いた。たしかにノーベル賞受賞は素晴らしい。リチウムイオン電池もスマートフォンや自動車、太陽光発電や風力発電の蓄電用と多方面の用途が期待されている。しかし、そこにも日本の危うさが垣間見える。

大小さまざまな用途に使われるリチウムイオン電池。大量のリチウムイオン電池は、最終的にどうなるのか。高いエネルギー密度を持つリチウムが無造作に捨てられ、大量に集積すれば大火災・大爆発事故の恐れさえある。

リチウムイオン電池に限らず、「技術立国」日本のモノづくりには利用後の視点がない。製造・利用への関心は高いが、利用後のことには無関心だ。後処理のことを考えない姿勢は、原発建設でも見られたし、２０２０年の東京オリンピックでも懸念を残す。

「日本には、製造段階からリサイクルに取り組む社会的な仕組みがありません。これからの製品開発はつくると同時に、利用後の仕組みについても考えて設計することが重要です」と、早稲田大学創造理工学部の所千晴（１９７５生）教授は言う。

科学者、技術者には、川上から川下まで俯瞰するリベラルアーツが求められるのだ。

リチウムイオン電池のように多くの用途で利用されれば、川下で無数の支流に分かれる。これを企業単体では追いきれない。所教授が指摘するとおり、原材料から製造・販売、利用までの流れを巻き戻すように、回収、リサイクル、分解・元素還元の社会的な仕組みをつくることが肝心だ。

日本の25倍広いアメリカと違って、日本には廃棄物を埋める場所がない。リサイクル技術や効率よく廃棄物を分解し、資源に還元する技術が日本には求められる。こうした「資源循環」のイノベーションも、また令和の大問題である。

イノベーションを妨げるのはいつの時代も「ポジティブリスト」だ。ポジティブリストとは、「やってよいと決められたことだけをやる。リストにないことをやってはいけない」ということである。あらゆる分野で日本古来の「タテ」型は、隣との「ヨコ」を見たり協力さえすることは少なく、上の顔ばかり見ている象徴的な言葉でもある。

そのため研究開発の過程で興味深い発見があっても、リストになかったことだからと予算がつかない。産業界では、ねらっていなかった研究開発が大ヒット商品につながることは多い。学問の世界でも、同様のことはあるのではないか。

研究者にも、「やってはいけないこと以外は、何をやってもよい」というネガティブリストを基本として、「ヨコ型」で自由にやらせるべきであることは当然だ。

第3章

絶望を見据えることで
そこに希望の光を発見できる

つらい現実でも、暗い未来でも、そこから目を背けてはならない。勇気を持ってありのままを真っすぐに捉えよ。問題の核心と解決の道筋は、そこから見えてくる。そこが問題解決のスタートラインである。

1

困難な道も、困難と覚悟すれば前に進む力が出てくる

日本の社会保障給付費約１２０兆円の約70％が年金、介護、老人医療に使われている。それに対して教育予算４兆円はＧＤＰの１％にも満たない。高齢者でも高額所得者はいる。年金給付のうち、高額所得者の年金分だけでも若者の教育予算に回すべきだ。

日本は教育水準の高い国、子供の教育にお金をかけている国といわれているが、予算を見る限りでは、金をかけているのは親であり、公的、社会的な支援は小さい。

教育にかけるお金が各家庭の経済力に負うということであれば、教育格差が生まれるのは必定だ。

教育格差は各家庭の問題だけではない。30年後の日本にとっても大きな問題である。

日本は先進国の中でも、老人に手厚く若者支援が少ない国だ。今後、さらにその老人が増えていく。

それが第1章で紹介した内閣府の調査（図1−1）に見られる、若者を内向き志向にした要因かもしれない。国と地方の借金が１１００兆円を超え、その負担は未来へ先送りされている。

一方、いずれツケを払うこととなる若者たちが働く環境は、30年前には全労働者の16％程度だった非正規労働者が40％近くに増えている。格差は拡大し、貧困世帯が増え、子供・若者への支援が増えることはない。

人口問題は多くが政策の問題である。

少子化の一因に、若者が結婚できないことが挙げられているが、内閣府の調査（平成22年度「結婚・家族形成に関する調査報告書」）によれば、20代から30代の男性の既婚率は年収３００万円を境としている。このトレンドは今も変わりなく続いている。格差拡大は未婚率を押し上げるから、このままでは少子化を改善する目処はますます遠のく。

失われる帰属性

将来不安を生むひとつの要因に、社会的な孤立があると京都大学「こころの未来研究センター」の広井良典（１９６１生）教授は言う。

ＯＥＣＤの調査によれば、日本人は他の先進諸国と比べて社会的孤立度が高いという。

戦後の日本は、農村から都市へ人口が流入し、農業社会から工業社会、そして情報サービスが主体の社会になった。１９５０年代から70年代、地方から集団就職した人々は生産現場に送り込まれ、都市部の住民となった。

時代は日本の農村に見られた共同体から、「アメリカン・ウェイ・オブ・ライフ」を新しい価値観として追い求めるようになった。

しかし、都市部では新しい共同体は生まれず、農村部にあった古い共同体は時間と共に消滅しつつある。

そのとき、都市に移り住んだ人々にとっての共同体となったのが企業や職場だ。日本人は、いまでも子供の頃は学校が共同体であり、大人になったら企業や職場に共同体を求める傾向がある。

そのため企業内、職場内のつながりはあっても、地域で個人をベースにしたつながりは依然としてできていないままだ。その上、１９８０年代まではあった企業内、職場内のつながりも今日ではすでに希薄となった。

現在の若者たちは、農村から都市部に移り住んだ世代から見れば第3世代となる。祖父母の故郷にあった共同体はとっくに消滅、あるいは町は残っていても、すでにいまはよそ者である。子供の頃の共同体である学校は、卒業すると共に雲散する。企業や職場の人間関係は薄い。若者たちの未来は、不透明でひどく心細い姿をしている。

あいまいな願望が若者から夢を奪う

我々の成功モデルは依然として１９５０年代から70年代の高度経済成長期であり、平成を経たいまでもそのイメージが変わっていない。成長しないことは衰退することだという強迫観念から抜け出せないのだ。

ＡＩを活用したシミュレーションによって「２０５０年に日本は持続可能か？」を追求し、２万通りのシナリオを描き出した京都大学の広井教授は「一番の問題は、私たちが〈成熟社会の豊かさ〉をイメージできないことにあるだろうと思います。日本は、いまだにアメリカ型の拡大成長路線でＧＤＰを上げる選択肢しか見ていません」と言っている。

成熟型社会の新たな価値観というものを、我々はどうやって獲得すればよいのだろうか。

社会が変わるとき、煩悶《はんもん》しているのは現代の我々だけではない。

武家社会の江戸時代から明治の近代国家に移るときにも、多くの人が時代の変化になじめず、新たな価値観を求め苦しんでいた。

イギリスに留学し、英語の教師をしていた夏目漱石（１８６７〜１９１６）は『草枕』で「智に働けば角が立つ。情に棹させば流される。意地を通せば窮屈だ。とかくに人の世は住みにくい」と新しい社会との折り合いに悩んだ。

幕末から明治にかけて下級武士から下級官吏となった父を持つ樋口一葉（１８７２〜１８９６）は、父が奉行所の役人時代であれば、組の中でだれかが困っていたらだれかが助けた、だがいまの東京では、それは期待できないと孤独な生活の苦しさを嘆いている。

彼らは旧時代の武家社会の価値観を抱え、新時代の貨幣経済社会の価値観を見つけようともがいた。だが、彼らが答えを得たようには見えない。

ひるがえって我々のやるべきことは何か。

まず、暗い未来を暗いものと覚悟を持って認識することだ。期待や願望を混ぜて、モラトリアムにしてはならない。

困難な道も、困難と覚悟すれば前に進む力が出てくる。そこに夢や希望を見いだすことだって可能である。問題をあいまいにせず、正面から向き合えばやるべきことは自ずと決まってくるものだ。

2

問題はあって当たり前、目を背けずに事実を直視しろ！

時折、私のところに相談に訪れる人がいる。相談の中味は政治経済、世界情勢、企業経営などさまざまである。

そういう人に私は、まず物事は冷静に見なさい。どんな政策も１日や２日では実行できないし、社会もそんなに簡単には変わらない。３日、４日、１週間、２週間、実際の反応と行動を見て、数字を見て、結論を出すのは１カ月、２カ月待ちなさいと忠告している。

時代は平成から令和に移った。だが、平成の時代に積み残した問題は、令和になったからといって自然消滅することはない。

我々は、平成の時代に抱えていた未解決問題を、これからも抱え続けていかなければならないのだ。そのうちいくつかの問題は令和になって、はっきり具現化し、また深刻化することが予測されている。いずれも解決の難しい重大問題ばかりである。

しかし、あえて言う。いかなる国のいかなる時代であれ問題はあった。問題のなかった時代など、古今東西の歴史を見てもひとつとしてない。

問題はあって当たり前というのは、開き直りのように聞こえるかもしれないが、問題を解決するときには、開き直って立ち向かうことが有効なときがある。

重要なのは、まず問題から目を背けずに冷静に事実を直視することである。問題はあって当たり前、みだりに軽率な行動をとらず、事実を解明しながら落ち着いてその対処を考えることだ。

徹底的智見をもって一切の問題に対する覚悟とせよ

戦前にひとり軍部の大陸進出へ異を唱え、世界の国々との平和的な共存と「小日本主義」を訴えた石橋湛山（１８８４〜１９７３）は、１９１２年『東洋時論』の社論で「哲学的日本を建設すべし」という論文を発表した。その一部を紹介する。

「顧みるに我が邦は内外様々な点において容易難局に立っておる。〈中略〉しかるに近来我が為政家は勿論、思想家、教育家、ないし一般国民のこれらの問題に対する態度を見るに、甲の問題が起れば忽こうとして甲に走り、乙の問題が起ればまた忽こうとして乙に走るというが如く、少しもわが根本的の立場から定めて、これに照らして、総ての問題に徹底的解決を与うるということをしない、あたかも彼らのなせるところは、下手の碁打ちが一小局部にのみその注意を奪われて、全局に目を配ることが出来ず、徒に奔命に疲れて、ついに時局を収集すべからざるに至らしむるようなものである」

１９１２年というのは、まさにちょうど時代が明治から大正に変わったときである。満洲問題、対中国問題は、すでに日本にとって国際問題の中心になりつつあったし、ヨーロッパでは第一次世界大戦が迫っていた。内外にさまざまな問題を抱える日本人に対し、湛山はこう言い放っている。

「吾輩は切にわが国民に勧告する。卿らは宜しくまず哲学を持てよ、自己の立場に対する徹底的智見を立てよ、而してこの徹底的の智見をもって一切の問題に対するの覚悟をせよと」

日本はこの後、国外政策、国内政策とも右往左往を繰り返し、最後は開戦、そして敗戦へと向かう。日本の現代史を想うとき、湛山のこの言に打たれない者がいるだろうか。

令和の我々が抱える問題も重く、困難だが、それでも問題に立ち向かわなければならない。問題の大きさにおののいて、全体を見失ってはならないのだ。

もはや小局をしのぐだけの弥《び》縫《ほう》策では、立ち行かないところまで来ているのである。

立ち向かうには、まず事態を正しく認識すること。絶望的なことは、絶望として捉えるしかないのだ。甘い見通しや願望で事実を歪曲させてはならない。

悲観的に捉え、楽観的に行動するのは、見通しのつかない事態に遭遇したときの基本動作である。そして、小局にとらわれず大局観を持つことである。そのためには湛山の言うようにリーダーには哲学が必要なのだ。

我々が乗り越えなければならない山

これからの令和の30年間、確実に日本で起きる問題はいくつかある。

ひとつは自然災害である。東日本大震災以降も、熊本、北海道、山形などで、すでに震度6強以上の地震は9回起きている。

専門家は、口をそろえて大震災は不可避であることを告げている。

いつ、どこで、どの程度の地震が来るかまではわからないものの、危険地帯と今後30年以内のマグニチュード7・3以上の地震発生確率はわかっている。

首都直下地震も、南海トラフ地震も、今後30年以内に70％の確率で起きる。令和の時代に、東日本大震災級の地震が来ることは避けられない。

我々にできることは、災害による犠牲者を減らすことに備え努力することだけだ。

２０１８年には関西、２０１９年は首都圏がこれまでにない台風被害を受けた。

地球全体の温暖化による気候変動も、今後20年、30年でこれまでとは異なる段階に入るかもしれない。

50年に一度といわれるような大災害が、毎年世界各地を襲っている。

日本は干ばつの被害には見舞われていないが、世界では洪水と干ばつという、相反する気象現象があちこちで頻発している。

世界の気候変動は、そのまま水と食料の問題に直結する。台風や大雨の心配をしていれば日本だけはよいという局所的な問題ではない。

戦時中以来の人口減少

２０１９年、夏の参議院選挙の前に飛び出した、老後の生活は年金だけでは２０００万円不足するという金融庁の発表がそれだ。

増える高齢者と限られた年金財源という問題があるのはまぎれもない事実である。

年金問題も、支える側と支えられる側の数の不均衡という人口減少に問題の根がある。

日本はすでに人口減少社会だが、２０４０年を過ぎたあたりから、年間１００万人単位で社会から人が消えていく。

現在、東京の周辺都市を含む東京圏は人口３７００万人の世界一の大都市圏だが、この大都市圏が周囲の人口を吸収しながら衰えていく。

あたかも、太陽がその一生を終えるとき、肥大化し太陽系の惑星を取り込んだ後、縮小し光を失っていくさまに似ている。

人口と経済が大きく下降していく社会を、日本人は先の大戦のさなかを除けば経験したことがない。１９４５年の大戦の死亡者数は２００万人を超えた。

だが、戦時中でも日本の出生率は高かったのである。戦時中でも、その末期までは日本の人口は増加していたのだ。社会の混乱や不安定は、必ずしも人口減少を招かない。

人間は経済が発展して豊かになり、安定した生活をするようになるにつれ、どこの国でも例外なく少子化傾向になる。人口曲線はどこの国でも「ロジスティック曲線（S字型のカーブ）」を描くのだ。それが人間のさがというものである。

人口が減っても社会は豊かであるべき

これから30年間に日本で起こることは、やがて必ず中国でも起きる。その何年か後にはインドでも起こるし、やがてはアフリカでも起こることになる。ヨーロッパ諸国やアメリカは、移民によって人口減少を免れているだけだ。

人口減少社会はイコール経済的に貧しくなっていく時代、富める者と貧しい者、強者と弱者の格差がますます拡大していく時代と見られがちである。

しかし日本は願わくば人口が減っても、人々の暮らしは豊かでなければならない。人口減少社会にあって、なお経済を成長させるためには、AIやロボティクスのようなテクノロジーの開発、それらテクノロジーを生かしたイノベーションを起こすこと。そして、老人が社会の指導的な立場から退き、若者に席を譲ることが必要だ。

いつの時代でも、経済成長を支えるのは若い世代だ。イノベーションは若者の手によってもたらされる。老人は若者の邪魔をせずに、それぞれができる範囲で社会に参加し、社会的価値の創造に貢献していくことだ。このリプレースメントがうまくいけば、いままで閉塞感に苦しんでいた分だけ若い世代の活躍が期待できる。

3

一方の英雄は他方のテロリスト

既存のメディア、すなわち新聞、雑誌、テレビといったメディアの退潮が目立つ。といって、ネットニュースやツイッターなどの新しいメディアが、それを補っているとまでは言えない。ネットニュースのニュースソースは、いまだに既存メディアであり、ネットニュースには、独自で取材し特ダネを流すという力がまだない。

現状では、ネットで流れる情報が、既存メディアの報じるニュースより信頼できると考えている人はまだまだ少ないはずだ。

トランプ大統領誕生以来、フェイクニュースという言葉が市民権を得た。ポスト・トゥルースという、事実よりも感情に訴える情報発信も増えている。これらの動きがネットを舞台に起きていることは事実である。

ネットというメディアには、さまざまな情報が何の制限も規律もなく、次々と放り込まれてくる。フェイクもファクトも同列に並ぶのがネットという環境だ。ファクトチェックなきメディアがネットなのである。

無制限に投げ込まれた情報を取捨選択するのは、ユーザーに任されている。ネットにおいてファクトチェックは、すべてユーザーの責任なのだ。

メディアの歴史はフェイクと共にある

ネットの情報が、既存メディアの報道に取って代わるには、このファクトチェックという課題を解決しなければならない。そうでなければネットは「巨大な噂の広場」に終わることになろう。

では、既存メディアが発する情報なら安心か。

実のところ、それもそれほど当てにならないと考えている。歴史を遡れば、既存メディアがフェイクニュースを流していた事実はいくらでもある。

アドルフ・ヒトラー（1889～1945）は、恐らく歴史上最も多くの広報誌を発行した独裁者だと思うが、ナチス・ドイツ時代に発行された広報誌の記事は、ほぼポスト・トゥルースである。

先の大戦時に日本政府が主導し、メディアがそれに従った大本営発表は、大戦の末期に至っては完全なフェイクニュースとなった。

中国では、今日でも報道は制限されている。

一国の正史も「歴史とは勝者の物語」と言われるように、ポスト・トゥルースがそこに含まれている。

メディアの社会的な責任の重さは理解できるものの、こうしたメディアの過去を振り返ると、我々はメディアの限界を痛感せざるを得ない。

だが、日本の既存メディアは、戦時中に大本営発表に加担した体験を教訓として、不完全ながらも戦後、報道の中立性とファクトチェックを守ってきたはずである。

ベストを求めても、自然科学と違い、社会科学では我々の得られるものは常にベターに留まる。

ベストな報道はかなわなくても、ベターを追求し続けることは、メディアにとっても基本動作であろう。それは、時代が変わっても変わらない不朽の姿勢のはずだ。

もし、ネットが既存メディアに取って代わることになろうとも、報道に魂がある限り、貫かれなければならない姿勢でもある。

ネットに価値観を侵食される既存メディア

テレビからは報道番組が減り、新聞にもかつての鋭さがない。なぜ、こうした状況になったのだろうか。テレビ朝日の報道局コメンテーターである川村晃司（1950生）氏に聞いた。いくつかの理由が複合しているものの、やはりひとつは、先ほどから述べているネットの影響が大きいと言う。

ネットにCMや広告をさらわれ、既存メディアの収入は落ちている。勢いのなさには経営的な背景もあろう。たとえば、川村氏が「ニュースステーション」の現場にいた1980年代には、独自企画であれば自由にやってよい空気があったという。

当時も番組に対する批判はあり、スポンサーサイドに圧力をかける勢力はあったが、その影響を受けることは、現場レベルではほとんどなかったそうだ。しかし、企業のCM・広告出稿先が次第に既存のメディアからネットにシフトするに従い、何でもできる現場は少なくなった。

テレビ報道の現場は、禁止されたこと以外は何をしてもよい「ネガティブリスト」で仕事をしていた時代から、許されたことしかできない「ポジティブリスト」の時代に変わったのではなかろうか。

事件には常にデリケートな問題が付いて回る。社会的な反響やスポンサーの顔色を気づかってばかりいては、報道の腰が引けてしまいかねない。それでは「社会の木鐸《ぼくたく》」という責任を十分に果たせないはずだ。

また、ネットの影響は、報道の現場にも間接的に表れているという。

ネットニュースは、既存メディアから拾っていると言ったが、既存メディアもまたネットで情報を拾っているのである。

どこの局でも、トピックを拾ってくるのは若いスタッフの仕事である。若いスタッフはスマホで情報を探す。結果、ネットに氾濫している情報ばかりを目にすることになる。

人は自分の見える範囲を世界と考える。ネット世論ばかりを見て、ネット世論に慣れてしまうと、ネットの空気に感染して、いつしかそれが現実の世論と思うようになる。

ネット空間でマジョリティとなりつつあるポピュリズム的価値観は、なぜか右翼的で感情的である。また、短期的で個人的な利益のみを追求しているように見える。

情報集めのために、ネットに接触する機会の多い既存メディアの若い社員が、そうしたネットの価値観になじみ、いつしか同じ価値観で社会の出来事を捉えるようになることは十分にあり得ることだろう。

報道の魂である価値観が、ネットの影響を受けているようでは、メディアの危機と言わざるを得ない。メディアの現場に確固たる価値観、それを支える信念があるのかと懸念を感ずることが多くなった。既存メディアは、どこへ向かうか迷走しているように見える。

必要なのは事実の探求とリベラルアーツ

ネットでマジョリティとなっている価値観が、社会にとって有意義な価値観とは限らないし、一部メディアの価値観も単なる自己満足かもしれない。

この本にしても同じことがいえる。

正義も同様だ。「一方の英雄は他方のテロリスト」というように、正義ほど立場によって変わるものはない。

丸い豆腐も切りようで四角、ものも言いようで角が立つというように、事実を同情をもって捉えるか、敵意をもって捉えるかで印象が変わってくる。

中国が周辺諸国に援助をしても、見方次第で経済支配と言うこともできる。韓国がアメリカと北朝鮮の間を取りもっても、世界平和への貢献と伝える日本のメディアは少ない。

価値観とは、必ずしも理性のみを背景としていないことが多い。

感情を背景にした価値観で国際関係をはかり、理性的な価値観に蓋をしているのが日本メディアの大勢であるかに見える。そこへ、さらに一見すると合理性をまとったかのような価値観を提供し、感情的価値観を後押ししている人もいる。

習近平や文在寅（１９５３生）が、優先的に日本のために働くはずはない。それはトランプが見返りもなしには、日本のために何もしないのと同じである。日本のリーダーにしても、アメリカのことより日本を第一に考えているはずだ。

それが前提となる常識であり、道理というものである。

といって、彼らの行動が常に反日と考えるのも、飛躍しすぎだ。彼らは、それほど日本のことばかり考えているわけではない。世界中で、日本のことばかり考えているのは、日本人くらいのものである。他国も同じであることは言うまでもない。自分の姿形を気にしているのは自分だけと言ってよく、人は各々が自分のことばかりで他人のことを気にする余裕がないものだ。昔から世界共通の人間の性《さが》と言えよう。

みんな、それぞれ自国の利益を最優先に考え、それでも歩み寄りながら、ベストではなくベターを目指しているのだ。

ところが、困ったことに感情を背景にした価値観は共感を得やすい。

感情的な意見は、多数派を形成しやすいのである。多数派が形成されると、心理的な同調圧力によって少数意見の持ち主は沈黙を余儀なくされる。こうした動きが螺旋《らせん》状に拡大し、メディアも多数派の意見に席巻され、少数意見が封殺されたままで世論ができ上がる。ドイツの政治学者エリザベート・ノエル＝ノイマン（１９１６〜２０１０）の「沈黙の螺旋理論」である。

我々は、常に「沈黙の螺旋」の圧力下にいることを忘れてはならない。

情報の受け手である我々には、情報を適切に選択する常識が求められる。自分の好みで情報を選べば、情報は必ず偏ったものになる。価値観はひとつではない。多くの価値観が混在し対立するから、ベストではなくベターを求めるべきなのだ。

一方、メディアの現場に求められるのはリベラルアーツだ。

テレビ朝日の川村氏は、１９８９年の天安門事件のときにも、１９９１年の湾岸戦争でも現場にいた。海外駐在の期間も長い。氏のように数多く海外の現場経験を積むことは、メディアで働く人々には欠くことのできないキャリアとなる。

事実を捉える目は、見識を磨き、事実の探究を繰り返すことでしか鍛えられない。アメリカで起きている事象を、アメリカを知らずに理解することはできないし、中国も同様だ。現場でしか磨かれないリベラルアーツもある。既存メディアは、グローバリゼーションと現場を経験することに、いままで以上により多くの予算をかけなければならない。

4
世界の人口は増え続けていることを忘れるな！

世界の人口は約77億人と見られるが、２０１９年に国連が発表した人口予測によれば、２０３０年に85億人、２０５０年には97億人、２１００年には１０９億人に達する。世界人口の増加カーブを見ると、いわゆるロジスティック曲線を描いている。ベルギーの数学者フェルフルスト（１８０４〜１８４９年）が、生物の個体数の増え方の方程式を図形化したものがロジスティック曲線だ。

世界人口は、１９００年あたりまではほぼ横ばい、そこから徐々に上昇をはじめて１９７０年代から加速度的に人口が急増する。

ローマクラブの報告書『成長の限界』が出版されたのが１９７２年だ。もう48年経つ。

世界人口はあと３年もすれば増加率は１％を切り、その後も増加率は年々下降することになる。増加率は小さいとはいえ、分母が巨大なため人口増加数は大きい。だが、人類は

図3-1　世界人口の将来予測

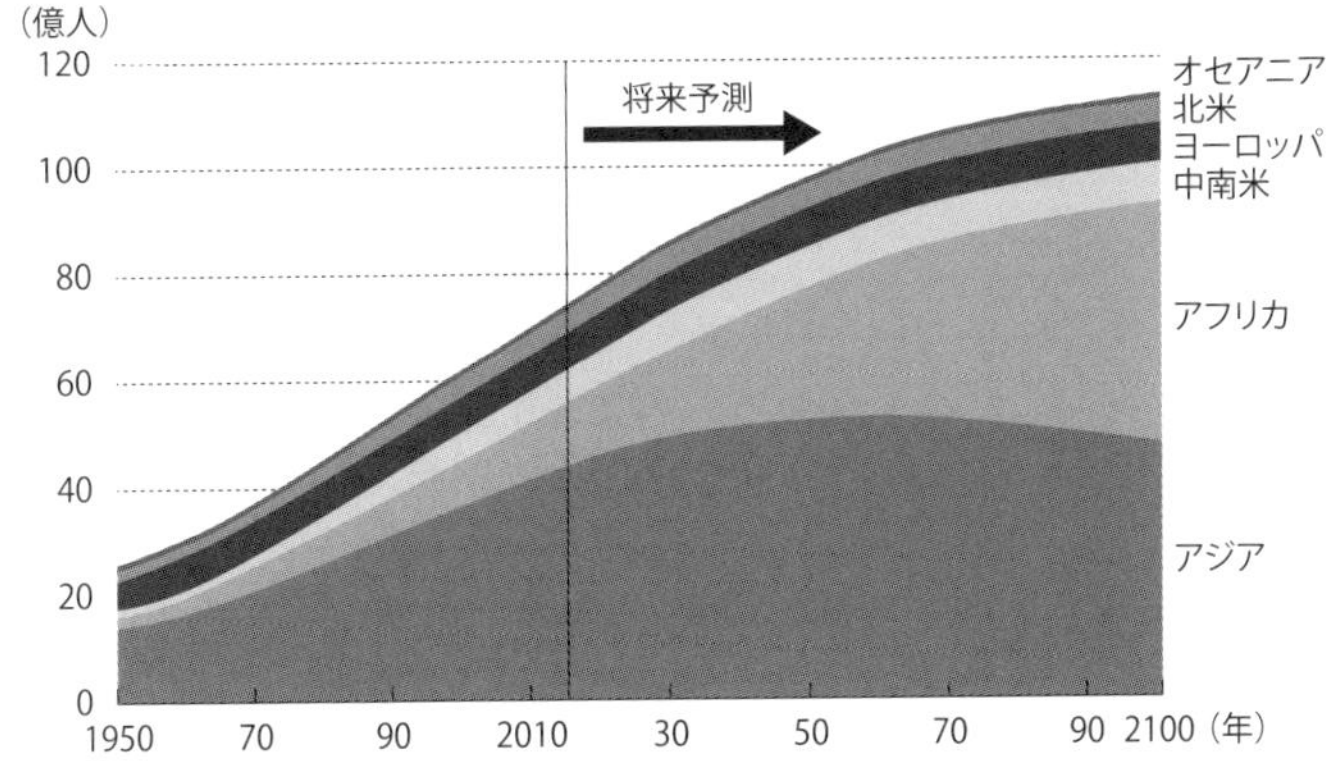

（出所）国連人口部「世界人口推計」2019年

人口増加に一定のブレーキがかかるDNAを持っているのか、ある段階を超えると自然に社会は少子化へと向かう。

国連の人口予測を国別に見ていくと、2027年にはインドが中国を上回り、インドが世界最大の人口国になる。

現在の人口上位10カ国の中では、ナイジェリアの人口増が際立つ。2047年にはアメリカを追い越し、世界第3位（現在は第7位）の人口大国へと躍り出る。

国連人口予測によると、2019〜2050年の世界人口の増加の半分は、インド、ナイジェリア、パキスタン、コンゴ民主共和国、エチオピア、タンザニア、インドネシア、エジプト、アメリカの9カ国によって占められる。

２０５０年には、サハラ砂漠以南のアフリカ諸国の出生率が世界でも突出し、国別人口でも上位20国のうち７カ国がアフリカ諸国となる。現在、人口約13億人のアフリカが、２０５０年には25億人となるのだ。

アフリカが人口大陸化する一方で、ヨーロッパ諸国の出生率は低いままで、大規模な移民がなければヨーロッパの人口は間違いなく減少すると国連人口部は見ている。

アフリカの穀物輸入は年々増え続けている

アフリカの人口増は、この地域の経済成長が進んでいるからだ。

この地域で、１９００年代まで出生率は高いのに人口が増えなかったのは、乳幼児の死亡率が高かったせいである。

今日の日本では病院以外で出産する人はまれだ。しかし、日本も戦前から戦後、昭和20年代から30年代の前半くらいまでは、自宅で出産する人が多かった。設備の整っていない、衛生的にも万全とはいえない場所での出産は母子ともにリスクがある。また、地下水や川や池の水を直接飲料水として利用する社会では、乳幼児の死亡率が高くなる。

こうしたリスクは経済が成長し、社会のインフラが整うことで大幅に小さくなる。

アフリカの人口急増は、北アフリカを中心とした産業国への大改革が主導する経済成長の結果といえよう。しかし、アフリカ諸国で経済が成長し、国が発展すれば、自ずと都市化が進み、貿易量も増えてくる。

経済成長に伴う技術発展は農業の近代化をもたらす。事実、アフリカの穀物の生産量は増加したが、人口増加に追いつかず、穀物輸入量は増大した。世界の穀物貿易に占めるアフリカの輸入割合は17・３％だ。小麦は24・７％、米は22・１％を占めている。

アフリカ最大の人口国であるナイジェリアは、主食である穀物、イモ類の生産量もアフリカ最大だ。しかし、すでに国内の農業生産量では不足を来し小麦、米は輸入している。

アフリカでも肉や牛乳の需要が増えている。穀物の生産量が人口の増加に追いつけないことに加えて、飼料としての穀物需要の増加などによって、アフリカの穀物輸入量は年々大きくなった。穀物輸入量は20年間で2倍となり、さらに増え続けている。

ナイジェリアは、世界有数の貧困国でもある。

アフリカの経済成長は、ナイジェリアの人々にも恩恵をもたらすだろうが、農民と牧畜民の土地争いは、両者の宗教の違い（農民はキリスト教徒、牧畜民はイスラム教徒が多い）もあって、住民の大量虐殺が続いている。マイナス要因も、まだまだ無視できない。

発展途上にあるアフリカは、貧困が社会不安を生み、国内の紛争が絶えない。

図3-2　穀物の地域別貿易量

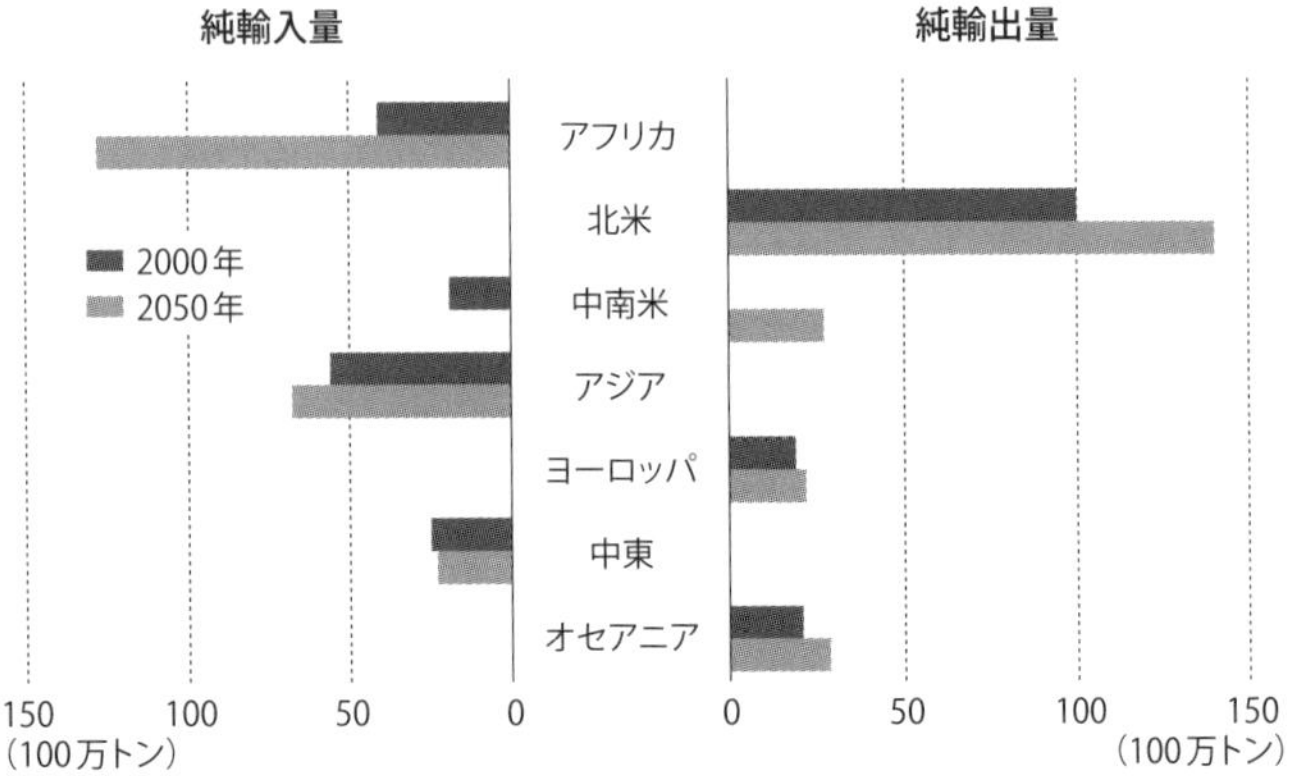

（出所）農林水産省『海外食料需給レポート2016』

経済成長による社会の発展が、貧困を克服することにつながればよいが、格差を拡大するほうに向かう懸念も拭い切れない。

紛争によって食料生産力が落ちれば、アフリカの食料輸入量はさらに増えることになる。

また紛争が収まり、社会が安定して人々が豊かになれば、それはそれで食料の輸入量は、家畜の飼料も含め急増するだろう。アフリカが人口大陸化し、食料の輸入量を増やしていけば、食料自給率の低い日本は相対的に不利な立場になる。

食料を海外に依存した昭和、平成の世界分業を基軸とした体制は、令和では新しい方向に舵を切る必要がある。

世界の平和を拡大することが食料安保の課題

食料の完全自給が可能な国としては、130％のアメリカと220％のオーストラリアの二国だが、そういう国はめったにない。いずれの国も、大なり小なり食料を他の国に依存している。実態として食料はグローバリゼーションなくしてありえない。

日本の食料自給率を上げることも大事ではあるが、完全自給が不可能なら食料の適切な貿易を確保することに力を注ぐべきである。そのためには、世界的に戦争や紛争のない状態をつくり出すこと、戦争や紛争の原因となるような飢餓や貧困を減らすことに日本はもっと世界に向かって努力しなければいけない。

農業生産国が経済発展の過程で工業化し、食料生産量が落ちることはあり得る。しかし、農産品に需要があれば、時代背景にもよるが、それを放棄してまで工業製品に向かうことはない。

脅威となるのは、食料の流通がストップするような戦争や紛争である。

日本は、自分たちの食料安全保障のためにも、積極的に世界の貧困撲滅や世界平和に向かって発言をし、国連を通しても積極的な働きかけを実行すべきである。

5

いかなる人の価値観も原点には家族の幸福がある

元号が令和に変わったからといって何が変わったわけではない。しかし、我々は否応なしに新しい時代を生きていくこととなる。

時代が変わったことで新たな価値観が求められつつある。令和の時代を生きるならば、まず昭和・平成の歩みを振り返り、残すべきは残し、改めるべきは改めるという手続きが必要だろう。

そもそも昭和・平成という時代はどういう時代だったのか。

昭和、といっても昭和20年以降の戦後の時代のことだが、この時代はとにかく目の前の問題を片づけることに精一杯で、後はそれから考える他ない。上から見ても下から見ても同じ気持ちで選択の余地はなかった。

ようやく戦後の経済復興を遂げ、先進国に追いつくことを目標に、とにかく経済発展を最優先して突っ走っていた。国民は一致団結して豊かな生活、豊かな社会を目指し、日本株式会社として経済的には成功した。

だが、経済的発展はしたものの、このとき我々は価値観の方向付けを怠っていたのではないかと、元自民党幹事長の古賀誠（１９４０生）氏は指摘する。

その後、時代は平成へと移るが、バブル崩壊による経済の低迷に対処するだけで汲々とし、新しい価値観を追求するには至らなかった。

世の中のしわ寄せは弱者に向かう

古賀氏は、「政治とは国民一人ひとりの幸福を追求することだ」と言った。

一人ひとりが幸福であるためには、経済が発展しなければならない。経済が発展するためには、諸外国との間で友好的で円滑な貿易が行われなければならない。諸外国との間で、友好的で円滑な貿易を行うには平和でなければいけない。

「だから、私は平和が大事、戦争をしてはいけないと言い続けるのです」

古賀氏の主張は明快である。

戦争でも、災害でも、経済問題でも、最も大きな被害を受けるのはいつも弱者だ。世の中のしわ寄せは弱者に向かう。政治には弱者を救うという視点が欠けていてはならない。

これから30年の日本を考えるとき、この古賀氏の指摘は重い。

日本は戦争してはならない、戦争に近づいてもいけないという想いを込めて、私は2017年に『戦争の大問題』という本を書いたが、残念ながら日本はその後もほんのわずかずつながら戦争に近づいているように見える。

平成は、明治以降で唯一日本が戦争をしなかった時代だった。

世界は常に戦争の危機に瀕している。一歩間違えば戦争に突入する緊張状態が、世界中にある。日本は戦争をしない、戦争に近づくこともしない。日本の国是は、大多数の国民が望むこの想いを堅持する。これは令和になっても変わってはならないことなのだ。

自ら責任を持って地域にかかわれ！

人口減少によって消滅の危機にある集落は少なくない。

だが、人口減少社会への対策として挙げられている市町村合併やコンパクトシティは、行政側が一方的に押し付けた価値観で行われているように見える。

たしかに、市町村合併やコンパクトシティが有効な自治体もあろう。

だが、一律に行政が日本中に網をかけるようなやり方が適切とは思えない。もっと個人の生活に注目した政策が必要なのではないか。それは行政機関には難しいかもしれないが、政治は個々の幸福に注目すべきである。その視点で地方の人口減少対策を考えたとき、地域、集落によっては合併やコンパクトシティとは異なるスキームが適切かもしれない。

それぞれの住民がそれぞれの事情に応じて知恵を出せば、新しい局面が開かれる可能性はあるはずだ。教育、通信、安全保障、医療サービスなど、欠くことのできない公的サービスは国が責任を持ち、それ以外は地域・集落に任せてよいのではないか。

ところが集落のリーダーである町村長は、15兆〜16兆円ある地方交付税交付金を少しでも多く引っ張ってくることで、優れたリーダーと見られていることも事実である。

国の交付金を当てにするということは、国があってその後に地方があるという考え方であり、地方に生活する住民にとっては、本来受け入れられる前提とはならないはずだ。

それでも、それが現実に幅を利かせているのは、地方自治がいわゆる「お任せ民主主義」で進められてきたからということだろう。

これが、昭和の時代から続く地方自治体の価値観であれば、もういい加減に改められるべきだ。我々は、もう明治以来続くお上頼みの「お任せ民主主義」から卒業し、自ら立ち上がり責任を持って地域にかかわるという価値観に変わらなくては衰退の一路の道が見えはじめているのではないか。

「一身独立して一国独立す」と福沢諭吉（1835〜1901）が言ったとおり、国の自立は足元から積み上げていくものだ。同様に国の価値観とは、国民の価値観の総和によって決まる。

価値観は細かく見ていけば、一人ひとりで異なるものであるし、宗教によっても、歴史や文化によっても違う。イスラム教の国にはイスラムの価値観があるし、それはキリスト教国の持つ価値観とは違ってくる。中国の価値観、韓国の価値観もそれぞれで違う。一国の中でも、地域によって価値観が異なることもある。

しかし、いかなる宗教、いかなる文化、いかなる国の価値観であっても、基本となるのは家族の幸福だ。家族の幸福という人類共通の価値観を基本として、自治や政治を考えることは世界を相手にしても通用することと思う。

古賀氏の「政治の目的は個人の幸福にある。個人の幸福は家族の幸福であり、家族の幸福のためには、生活が豊かでなければならない。生活が豊かであるためには経済がよくなければならない。経済がよくなるためには世界が平和でなければならない」という政治信条は日本人のリベラルアーツであり、世界に共通する価値観だ。

家族の幸福は、リベラルアーツの原点と言える。

第4章

避けられない危機の上に日々暮らしていることを忘れるな！

避けられない危機などあるのか。ある！　我々が地球上で暮らしている以上、自然災害を避けることはできない。巨大地震は、いまこの瞬間に起きても何ら不思議ではないのだ。災害対策とは、我々は日々危機の上に暮らしていると認識することからはじまる。

１

大地震が必ず起きることを想定しろ！

１９２３年の関東大震災以来、関東ではそれほど大きな地震は起きていない。

しかし地震の歴史を遡ると、南関東の広い範囲でマグニチュード7クラスの地震が、明治から１００年の間に5回起きている。１８９４年6月の明治東京地震（Ｍ７・０）、１８９５年１月の茨城県南部の霞ケ浦付近の地震（Ｍ７・２）、１９２１年12月に霞ケ浦付近で起きた地震（Ｍ７・０）、１９２２年の浦賀水道付近の地震（Ｍ６・８）、１９８７年に起きた千葉県東方沖の地震（Ｍ６・７）である。

東京大学地震研究所・地震予知研究センター長の平田直（１９５４生）教授によれば「過去１００年に5回起きたということは、将来の１００年でも5回くらい起きる可能性はある」ということだ。だが平田教授は、いつ、どこで、どのくらいの地震が起きるかを予測することは不可能とも言っている。

世上、「首都直下地震」が起きる確率は30年間で70％と言われているが、それは首都圏のどこか、あるいは南関東のどこかでマグニチュード７程度の地震が起きる確率が示されているのだ。その根拠は「１００年に５回ですから、30年に換算すると０・７回、つまり70％となる」ということだそうだ。

大地震は１００年に５回起きているといっても、20年おきに起きているわけではない。１００年に５回は事実でも地震が起きるのは不規則、だから、いつ「首都直下地震」が起きるかという予知は不可能なのである。

だが今後30年間で、マグニチュード７前後の地震が起きるというのは、統計からいって間違いない。日本が地球上最大の地震発生地帯にある以上、地震は避けられないのだ。

最悪のケースで死者2万人、経済的被害額95兆円

では、被害はどの程度になると想定されているのか。内閣府が２０１３年に発表した「首都直下地震」の被害想定がある。首都直下といっても震源は一カ所ではない。考えられる震源は19カ所想定された。被害はマグニチュード７・３のケースで最大死者２万３０００人、経済的被害額が約95兆円、建物の倒壊、焼失は合わせて最大61万棟とされている。

表4-1　首都直下地震の被害想定

II．被害想定（人的・物的被害）の概要

1．地震の揺れによる被害

(1) 揺れによる全壊家屋：約175,000棟 建物倒壊による死者：最大 約11,000人
(2) 揺れによる建物被害に伴う要救助者：最大 約72,000人

2．市街地火災の多発と延焼

(1) 焼失：最大 約412,000棟、建物倒壊等と合わせ最大 約610,000棟
(2) 死者：最大 約16,000人、建物倒壊等と合わせ最大 約23,000人

3．インフラ・ライフライン等の被害

(1) 電力：発災直後は都区部の約5割が停電。供給能力が5割程度に落ち、1週間以上不安定な状況が続く。
(2) 通信：固定電話・携帯電話とも、輻輳のため、9割の通話規制が1日以上継続。メールは遅配が生じる可能性。携帯基地局の非常用電源が切れると停波。
(3) 上下水道：都区部で約5割が断水。約1割で下水道の使用ができない。
(4) 交通：地下鉄は1週間、私鉄・在来線は1カ月程度、運行停止する可能性。主要路線の道路啓開には、少なくとも1〜2日を要し、その後、緊急交通路として使用。都区部の一般道はガレキによる狭小、放置車両等の発生で交通麻痺が発生。
(5) 港湾：非耐震岸壁では、多くの施設で機能が確保できなくなり、復旧には数カ月を要す。
(6) 燃料：油槽所・製油所において備蓄はあるものの、タンクローリーの確保、深刻な渋滞により、非常用発電用の重油を含め、軽油、ガソリン、灯油とも末端までの供給が困難となる。

4．経済的被害

(1) 建物等の直接被害：約47兆円
(2) 生産・サービス低下の被害：約48兆円 合計：約95兆円

（出所）内閣府「防災情報」

被害額は、日本の年間ＧＤＰの２割近い。マグニチュード７・３でも、首都機能は完全に失われるだろう。我々は、そういう危機の上で日々暮らしているのだ。

内閣府は、マグニチュード８クラス（関東大震災級）の地震が起きたケースでも被害想定を出している。それによると、最悪のケースで死者７万人、経済的被害額１６０兆円、建物の倒壊、焼失１３３万棟となっている。

マグニチュード７クラスと８クラスで、経済的被害額に比べ人的被害や建物の被害が大きく跳ね上がるのは、現行の建物の耐震基準が、７クラスの地震にはある程度は耐えられても、８ク

ラスとなるとそのエネルギーに耐えられないからだ。

建物の倒壊が増えれば火災のリスクも高まる。

ちなみに、内閣府のマグニチュードは、気象庁のマグニチュードとは異なり、岩盤のずれの規模を元にして算出されるモーメント・マグニチュードが使われている。

日本は地震によってつくられた国

言うまでもなく日本は地震多発国である。世界で起きている地震の1割、マグニチュード6以上の地震では約2割が日本周辺で起きているといわれる。

日本で地震が多い理由は、国土の成り立ちに起因する。

ユーラシア大陸の東端にあった日本は、地球のプレートテクトニクス（陸地の移動活動）と共に大陸から切り離され、また衝突し現在の形になった。

日本は太平洋プレート、フィリピン海プレート、ユーラシアプレート、北米プレートのぶつかり合う場所にある。

4つのプレートは、海側の太平洋プレートとフィリピン海プレートが、ユーラシアプレート、北米プレートの下に潜り込む構造になっている。

図4-1　4つのプレートがぶつかり合う日本列島

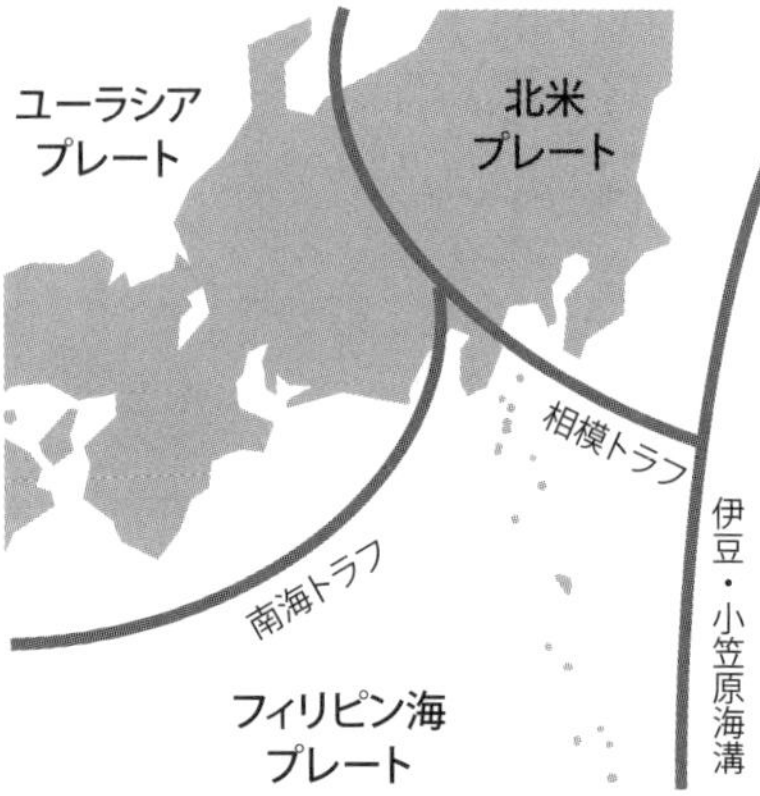

（出所）内閣府「防災情報」

この４つのプレートが衝突して溜まるエネルギーが、放出されることで発生するのが地震である。火山性地震や活断層地震も、こうした日本の地下深くの動きに由来する。日本は地震によってつくられた国ともいえる。

マグニチュードとは、地震のエネルギーを示す数値である。一般にマグニチュードの数値が１つ上がると地震のエネルギーは約32倍となり、２つ上がると１０００倍となる。

マグニチュード８クラスの地震というのは、２０１１年の東日本大震災（マグニチュード９・０）、１９９４年北海道東方沖地震（マグニチュード８・２）である。１９９５年の阪神・淡路大震災はマグニチュード７・３であった。１９２３年の関東大震災はマグニチュード７・９といわれている。

地震による被害とマグニチュードの大きさは必ずしも一致するわけではない。地震の震源におけるエネルギー（マグニチュード）が大きければ、当然地震も大きくなるが、震源が遠くにあれば揺れは伝わる間に減衰することもある。

マグニチュードに対し、それぞれの地域の揺れの大きさを示すのが震度だ。震度は、震源からの距離や地盤の状況によっても異なる。マグニチュードが小さくても、震源から近ければ震度は大きくなることもある。

過去の大地震のマグニチュードと震度、それに被害の関係を見ると、マグニチュード7クラスの地震でも大きな被害を出していることがわかる。

地震の被害は震源のマグニチュード、地震波の伝わり方の結果である震度、津波があったか否か、そして火災の有無によっても異なる。

阪神・淡路大震災は地表近くの活断層を震源とする地震である。マグニチュード7クラスの地震であったが、震源に近い直下型であり、大都市という人口の密集した地域で発生したため、強烈な揺れによる家屋の倒壊、それに人口密集地での火災による被害も甚大であり未曽有の大震災となった。

関東で起きると言われている「首都直下地震」は、マグニチュード7以上を想定しているが、その被害が甚大なものになることは疑いない。

2

南海トラフ巨大地震は津波の被害も想定しろ！

首都直下地震と共に甚大な被害を懸念されているのが「南海トラフ巨大地震」である。南海トラフとは、駿河湾から紀伊半島の南側、土佐湾を経て、日向灘《ひゅうがなだ》沖までのエリアにのびている海溝を指す。

そこは、フィリピン海プレートとユーラシアプレートがぶつかる海底である。南海トラフとは、延々とのびる巨大な地震源と言えよう。

研究によって、南海トラフを震源とする地震は、１００年から１５０年の周期で起きていることがわかっている。前回の大地震（１９４６年の昭和南海地震）から、すでに73年が経つ。危機は迫っていると見るべきだろう。

南海トラフの地震では、過去マグニチュード８クラスの大規模地震が連続して発生している。安政東海地震（１８５４年）では、その32時間後に安政南海地震が発生した。昭和

図4-2　南海トラフ沿いで発生した大地震

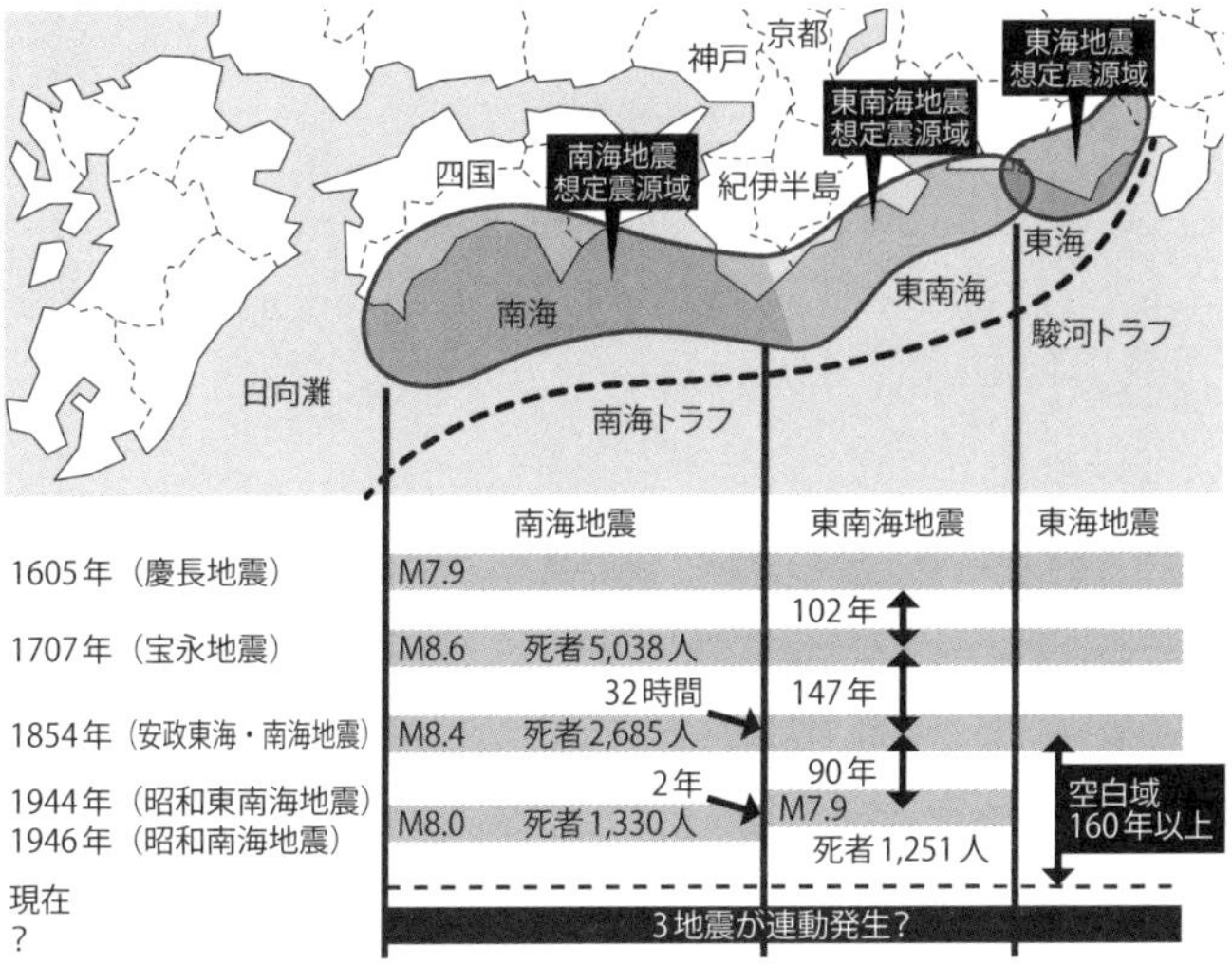

（出所）内閣府「防災情報」

東南海地震（１９４４年）のときには、２年後に昭和南海地震が発生している。

　大震災が心配されている「東海地震」は、この南海トラフを震源とする一連の地震のひとつである。

　東海地震は、駿河湾から静岡県の内陸部を震源とし、マグニチュード８クラスが想定されている。この震源域では、１８５４年の安政東海地震から現在まで１６０年以上にわたり大規模地震が起きていない。

　地震が起きていないとはいえ油断はできない。なぜなら、震源の域内にある御前崎《おまえざき》の地盤沈降や駿河湾の対岸との距離の縮みなど、地殻のひずみが計測されているからだ。

東海地震はいつ起きてもおかしくないと以前から言われている。

東海地震が、南海トラフに沿った地域の地震を誘発し、広域で巨大な地震が発生するかもしれない。東海地震を含め、南海トラフはいつ大地震が来てもおかしくないのだ。

南海トラフは、ひとたび地震が発生すれば、広い範囲で連続して大規模地震が発生する可能性の高い「地震危険地帯」なのだ。

想定される南海トラフ巨大地震の被害

南海トラフ巨大地震は広域の震災となるため被害が大きい。

中央防災会議は、科学的に考え得る最大クラスの地震、南海トラフ巨大地震による被害想定を発表している。

南海トラフ巨大地震は、静岡県から宮崎県にかけて最大で震度7（阪神・淡路大震災級の強い揺れ）、隣接する地域でも震度6強から6弱の揺れに襲われると想定している。

南海トラフ巨大地震で、もうひとつ心配されるのが津波だ。南海トラフ巨大地震で起きる津波は、最大で10メートルを超え、関東地方から九州地方にかけて太平洋側の広い地域が大津波に襲われる。

２０１９年の試算では、地震と津波による被害が最悪の場合、死者・行方不明者数は約23万３０００人、建物の全壊・全焼棟数も約２０９万４０００棟としている。

２０１２年の発表では、被害想定は死者・行方不明者数が最大32万３０００人、全壊・全焼棟数が同２３８万６０００棟だった。

２０１２年に比べれば、２０１９年では、死者・行方不明者数が約９万人減少し、建物の全壊・全焼棟数は約30万棟と被害数が減ったのは、この間、建物の耐震化が進み、津波避難ビルなどの建築、住民の避難意識の向上などが試算に反映された結果としている。

２０１２年の被害想定発表後、２０１４年に政府は「10年間で死者・行方不明者数を８割、全壊・全焼棟数を５割減らす」と、住宅の耐震化率や津波避難ビル指定率など数値目標を立て自治体と共に対策を進めていた。

だが、こうした対策が最新の試算通りであったとしても、やはり甚大な被害であることは明白だ。

3 10秒あれば被害者を10分の1にできる防災対策を考えよ！

現状では地震予知は不可能である。巨大地震に、社会全体が無傷で耐えることも困難だ。では、地震に遭遇したら運を天に任せるしかないのか。

東大地震研究所の平田教授は、科学的に地震の予知はできないので、地震は突然起きると思って備える必要があるという。科学的には不可能でも、それでも「いろんな人が予測することで、みんなが地震に備えてくれるのであればいいと思います」と述べている。

地震の予測が科学的には正しくなくても、多くの人への注意喚起につながるのであれば、地震に備える文化を醸成することとなり、わずかながらでも役に立つ。

ムダではないということである。

地震は日本の地理的な条件によって起きる自然現象だ。一方、震災とは地震の結果、引き起こされる人的、社会的、経済的な被害現象である。

図4-3　海溝型地震の発生確率

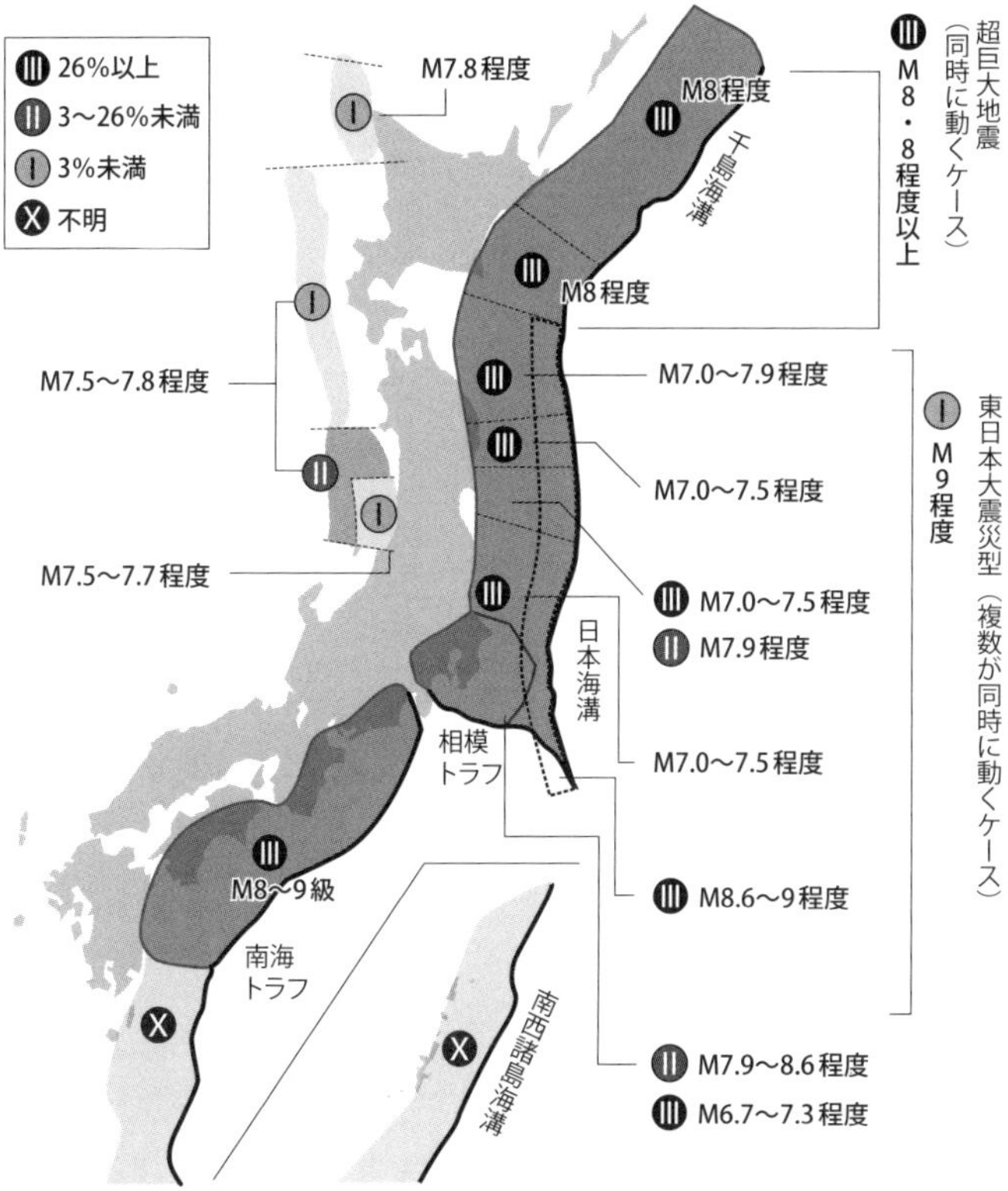

（注）30年以内の発生確率。
（出所）地震調査研究推進本部

先述したように、地震と共に誕生し、地震と共に歴史を積み重ねてきたのが日本の国土だ。実際、関東地方で見ても、マグニチュード4クラスの地震は毎月1回くらいの頻度で起きているし、身体に揺れを感じないマグニチュード3クラスでは、数日に1回程度は起きている。それほど日常的な自然現象である地震が、震災となるのは100年に5回ということである。

行政は地震に弱い地域の防災対策を急げ！

地震は地面全体が揺れる自然現象である。しかし、その被害は土地の状態や人口、家屋の密度、耐震性能によって大きく異なってくる。

大昔から人が住んでいる地域は、概して地盤が安定した土地が多い。

戦後、人口の増加に対応するため、住宅地を広げた。新たに造成された土地は、かつてはあまり人が住んでいなかったところ、たとえば池や沼を埋め立てた場所も数多い。

こうした池や沼の跡地、水田（湿田）の埋め立て地と大昔からの台地では強度が違う。池や沼、海を埋め立てて造成した土地は、地震による揺れが伝わりやすく、また液状化現象も起こりやすい。

また、地震によって火災が起きたときに、延焼リスクの高い地域と低い地域がある。住んでいる地域によって、地震に対する強さに差があるということになる。

やはり経済的な背景と安全性には一定の関連性があることは否定できない。経済的な格差によって、災害に対する安全性が決まるということはあってはならないことだが、現実にお屋敷町と新興住宅地では、地震に対しても台風・大雨に対しても、お屋敷町のほうに分があるのは間違いない。

東京都内でも武蔵野台地に位置するエリアや、いわゆる山の手エリアの台地など古代から陸地として存在した土地は地震の揺れにも強い土地柄だ。一方、江戸時代以降に埋め立てによってできた土地や臨海部の土地は台地に比べ強度で劣る。

また、地震に対する強さの差は、土地だけでなく、建物にもある。

住まいの強度は、新築であれば木造住宅でも多くの住宅が耐震基準を満たしている。マンションのような頑丈な建物も、概して地震に強い建築物である。

しかし、古い家屋は耐震性能に不安がある。特に１９８１年より前に旧建築基準法下で建てられた、築40年を超える木造住宅は強い揺れには耐えられない恐れが強い。

現在、日本全国の建物の耐震化率は80％、東京都は耐震化率90％である。全国では残る20％が、東京では10％の建物が、何らかの事情で耐震化がなされていない。

旧耐震基準の建物を残している理由は、必ずしも経済的な理由からではないだろう。地方の場合には、すでにだれも住んでいない空き家というケースも多いと聞く。

都内でも、高齢者世帯の住む建物では、改築しても長く住むことは見込めない、あるいは相続まではそのまま住んでいて、相続後に相続人の手に任せるという理由から、耐震化工事をためらうケースがある。

お金のある世帯は、新築、改築もできるし、もうこの家には長く住まないと思えば、新しい住宅を購入した上で、売却処分する余裕もある。

問題はそれだけの余裕のない人の安全をどうやって確保するかだ。厚生労働省の統計によれば、年収３００万円以下の世帯は世帯全体の３割近くにのぼる（「e-Stat」より算出）。

街全体の耐震能力とは、ハザード（地震が起きたときの危険地区）に対する予防措置や緊急時の避難施設、緊急車両用道路の確保、建物の倒壊や火災が起きたときに被害拡大を抑えることができるかなど、いわゆる都市インフラを指す。

地震によって破壊された社会インフラが復旧するまでの経済損失も深刻となる。

震災関連死など二次的な被害も、また震災の被害と言える。それらの震災被害を最小限にするには、相当な準備をしていなければならない。

先述したとおり現在、日本全国の建物の耐震化率は約80％である。現行の耐震基準を満たしている建物であれば、震度7の大地震に襲われても、すぐにつぶれるようなことはないはずだ。個人の住宅でも一度の地震で倒壊する確率は小さい。

慌てて外に出るよりも、しばらく屋内にとどまったほうが安全ということもある。しかし、１９８１年より前の耐震基準でつくられた建物の場合にはそうはいかない。

「自宅でも職場でも、いま、自分のいるところが耐震上どういう場所なのか、あらかじめ知っておく必要があります」（平田教授）

自然災害が甚大化する傾向にある今日、防災は個人の備えも大事だが、行政の重要課題である。住んでいる地域や住まいによって、災害格差をつくらないことが、行政の防災対策で不可欠だ。

企業も防災の公的責任を担え！

「緊急地震速報」の精度も上がっているという。

新幹線など高速交通機関は地震速報とも連動して大地震に備えている。突然、そこら中のスマホが一斉に鳴り出すという光景は、だれもが目にしているはずだ。

地震速報から揺れまでの時間は、震源との距離によって異なるが、原理的に10分前は不可能でも10秒前くらいの警報なら可能だ。

たった10秒で何ができるかと思われるが、車を運転中であれば適当な場所を見つけて停めることはできる。エレベーターの中にいたら、最寄り階で降りることも可能だ。

「首都直下地震」の場合、救助が必要な人は約７万２０００人、帰宅困難者は約８００万人とされている。

平田教授によれば、首都圏に限らず、企業の耐震性の高い頑丈な建物が、一時避難施設となることも必要という。各地域の企業には、社員の安全確保の次に、近くにいる震災遭遇者も一時的に収容するという公的な役割についても準備をしてほしいものだ。

また、「首都直下地震」では死者約２万人とされているが、建物の耐震化率を１００％に上げ、初期消火活動の備えを十分に整備することができれば2万人を２０００人に抑えることも不可能ではないと言う。

「南海トラフ巨大地震」では死者32万人と想定されているが、同様に建物の耐震化率を上げ、津波避難ビルなど十分な数の津波の避難施設を整えれば、インフラ被害はあっても、犠牲者の数を大きく減らすことはけっして不可能ではない。

災害からの回復過程で大事なことは、言うまでもなく人命である。総務省消防庁の発表にもあるように、災害には常に後日の関連死がある。直接死を防ぐことと共に、関連死に対してもケアが必要だ。

関連死を防ぐためにも、可能な限り早い社会インフラの回復が求められる。

社会インフラを担うのは水道などの公的サービスのみならず、病院や電気、ガス、それに多くの民間企業にもその役割がある。コンビニが営業しているのといないのとでは、生活に大きな違いが生じるはずだ。

コンビニが営業するためには、商品の生産と配送が必要である。物流業者が打撃を受けて、配送がストップすれば商品は生産されてもコンビニの店頭には届かない。被災地では各企業もまた、被災者であるが、企業にはインフラを守る社会的責任もある。

まず社員を守り、次に継続的に業務を再開できるよう災害時の「事業継続計画（BCP）」を立て、定期的に見直すことも必要である。

事業計画は、利益極大を目指す攻め一方の計画だけではなく、守りの計画も備えてバランスを取るべきである。

巨大な地震に襲われたら、被害なしというわけにはいかない。それが我々の置かれた現実だ。地震に対する完璧な備えというものは、我々はいまだ持ち得ないが、少しでも被害を抑えるために備えることが累卵《るいらん》の危うきでもまた、けっして蟷螂《とうろう》の斧であってもならない。

4

一度起きたことは続けて起きると考えよ！

温暖化による影響か、２０００年代以降「50年に一度の大雨」と称される豪雨が、毎年のように日本を襲っている。

大地震と気候変動は、どちらも日本にとって避けがたい災害と言えよう。

天変地異というが、地に異変があれば天にも変化が起こる。両者は連動するのだと昔の人は考えたのではないか。

商社の食料部門に長くいて、常に世界の気象をにらみ続けてきた私にとっても、天変と地異は常に関連していたように思う。

そもそも直径約１万３０００キロメートルの地球で、気象現象が起きている対流圏は地上から10キロメートルの上空、成層圏を構成するのは地上から50キロメートル、高度１００キロメートルを超えるとそこは宇宙だ。

対流圏や成層圏は地球を取り巻く薄い膜、地球の表面でしかない。

地球の表面が、巨大な地球本体の影響を受けないはずがない。大地に大地震という巨大な異変が起きるとき、天もまた変化を生じるという因果関係は、単なる感覚的牽強付会（こじつけ）と片づけてしまうことはできないように思える。

２０１９年10月に「台風19号」による千《ち》曲《くま》川（長野県）ほか各地の河川氾濫および大雨被害が起きた。

その前年の「九州北部豪雨」では「線状降水帯」による大雨・洪水被害が起きた。線状降水帯とは、積乱雲が次々とやって来る現象と言える。

日本では毎年のように、通常ではあり得ないような「記録的短時間大雨」が降っている。記録的短時間大雨では１カ月間かけて降ってくる程度の雨の量が数時間で降るのだから、雨水は最終的に海に排水されるとはいえ、排水能力を超えるため随所で水があふれだす。地面にも自然の貯水能力、排水能力が備わっているが、その限界を大きく超えるため、土砂崩れなどの自然災害を誘発する。

豪雨の影響は、地中深くの地盤にも、何らかの影響を与えている可能性はあるはずだ。素人の直感ではあるが、我々のジイサン、バアサンが天の動きや動物の動きなどを見てよく口にしていた言葉や自然現象や人間の身体を見ていても、こうした地中の変化が、地殻にも何らかの影響を与えないはずはないように非科学的ではあるが思ったりする。いかがであろうか。

毎年起きている大雨、洪水被害を見ると、これが地震の引き金とならないか。杞憂と言われようとも大半の国民の五感、六感が落ち着かない。

海水温上昇が生むスーパー台風

50年に一度の大雨に襲われたのだから、これであと50年は大雨の心配をしなくてよいということにはならない。それは、いままでの常識を前提とした考え方だからだ。

地震も豪雨も、構造的な「天変地異」の結果である。事実、九州北部は２００９年、２０１２年、２０１７年と連続して豪雨に襲われている。

一度起きたことは、続けて起きると考え備えることが必要だ。

豪雨災害として記録されているケースは、戦後から１９９９年までの記録と比べて２０００年以降が突出して多い。

この他でも２００３年、２００４年は台風の上陸が多かった。また、気象状況の計測技術に違いがあるため、一概に比較はできないものの、２０００年以降の台風の瞬間最大風速も上がり、昭和の時代に比べても強くなっている傾向がうかがわれる。

２０１９年に千葉県に上陸した「台風15号」は、瞬間最大風速57・5メートルという観測史上最大の風速を記録した。

台風15号に見られる台風の強力化は、日本近海の海水温の上昇に直接の原因がある。

台風は海水温の上昇により、日本近海でもエネルギーが供給され続けるため、台風の勢力は日本に近づいても減衰することなく、かえって勢力を上げて、これまでに本土を襲った台風とはケタ違いの勢力で各地に上陸するという結果を生んでいるのである。

これも温暖化の影響と見るべきだろう。

そして温暖化の続く限り、日本をスーパー台風が襲う確率は高まることとなる。

水害は地形によって被害レベルがわかる

国土交通省や各自治体のハザードマップを見ても明らかなように、降雨または河川の決壊による浸水は低い土地から順次進んでいく。池や湖、沼の跡地は、地震に弱い土地柄であると共に、地形的に低地であることから浸水も起きやすい。

都市部やその周辺の地域では、高度経済成長期に大量の人口急増があったため、小学校や中学校を増設する際、空いている土地を求めて池や沼地の跡、または水田の跡地に校舎を建てていることがある。

地域の小中学校は、災害時の避難所になっていることが多いが、低地の学校では校舎が水害を受ける可能性もあるのだ。

水害は河川の堤防を強化することや、雨水の排水機能を上げることで防ぐことができる。

しかし、そのためには巨額の予算と長期の工事が必要となる。では、危険な地域に住む人は引っ越せばよいかというと、そう簡単にはいかない。

その地に住む人々には、それぞれに想いもあり、事情もある。

日本は、水害対策に長い年月をかけて取り組んできた。だが、もはや過去の対策があてにならないことがわかった。

そして「50年に一度」レベルの大雨は、毎年襲ってくる。

どのタイミングで、どこへ避難するか、国としてではなく、各自治体の地域としてより精密な避難・防災対策が必要になってくる。

5

平均気温が2度上がると食料確保が難しくなる

いまでこそ地球温暖化は、世界中の国々（アメリカのトランプ大統領は別だ）が真剣に取り組んでいる喫緊の課題だが、50年前は様相が全く違っていた。

私がアメリカにいた頃、ウィスコンシン州の大学教授がリチャード・ニクソン（１９１３〜１９９４）大統領に寒冷化対策の必要を提言したというニュースがあった。１９７０年前後は世界的に地球の寒冷化、小氷河期の到来が本気で議論されていたのである。

地球温暖化の下手人は、二酸化炭素に代表される温室効果ガスといわれる。

だが専門家によれば、もし大気中に温室効果ガスがなければ、地球の温度はマイナス19度になるそうだ。

温室効果ガスが悪いのではない。温室効果ガスの大気中のバランスを壊すことが悪いのだ。濃度が高すぎれば、たとえ酸素でも生物に有害となる。無論人体も例外ではない。

図4-4　世界の平均気温の予測

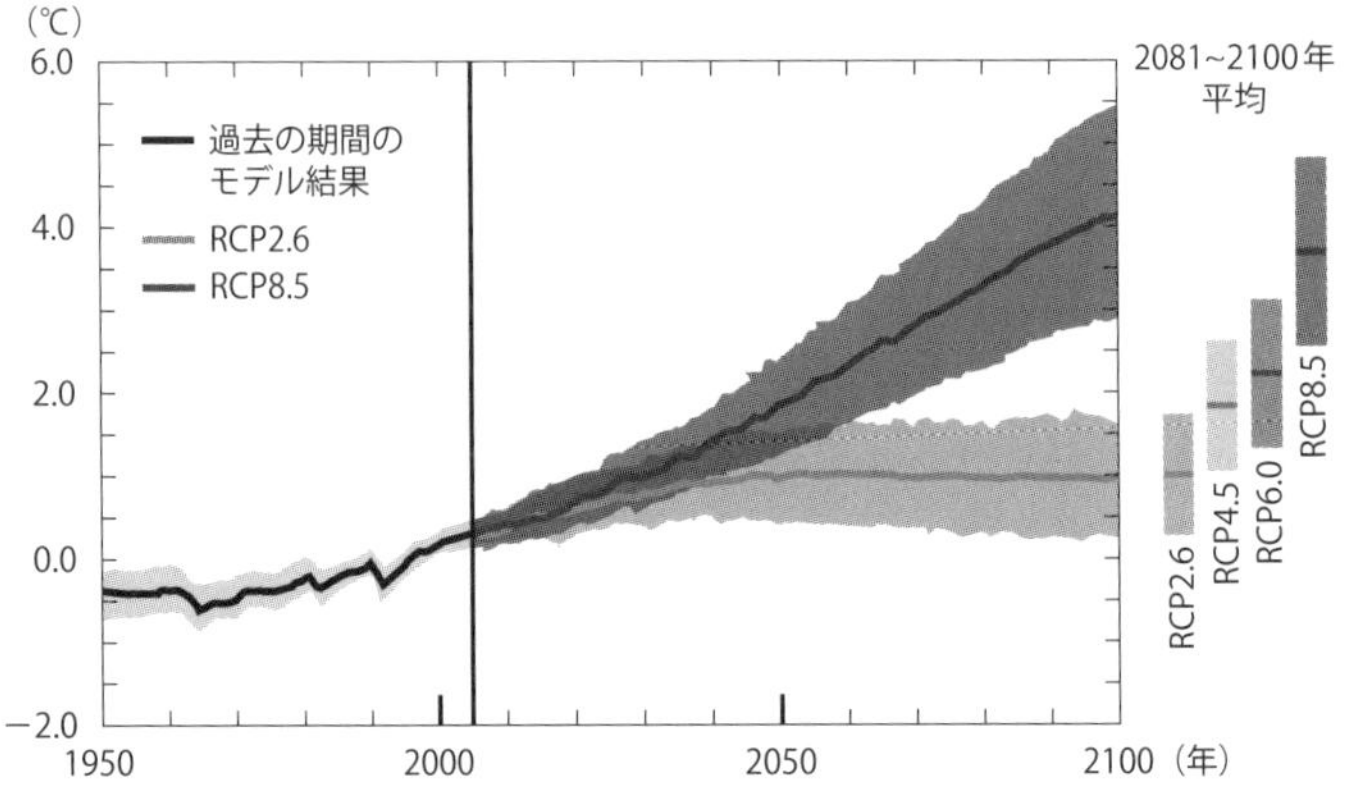

（出所）IPCC「第5次評価報告書」

1988年に国連と世界気象機関が設立したＩＰＣＣ（Intergovernmental Panel on Climate Change／気候変動に関する政府間パネル）によれば、最悪のシナリオをたどった場合、世界の平均気温が2050年には2度、2100年には4度高くなると発表している。

食料輸入価格の高騰は必至

正確な比較とは言えないが、東京の平均気温が2度上がると、おおむね現在のバンコク（タイの首都）の1年を通じた平均気温と同じになる。

夏の平均気温も、バンコク並みである。

さらに4度東京の気温が上昇すると、平均気温では現在の世界の都市では、匹敵する例を見いだすことが難しい。およそ人が住める環境ではなくなるということだ。

気候変動は農作物に大きな影響を与える。洪水や干ばつ、冷害による農作物の被害は今日でも食料の価格を急激に高騰させる。

農作物だけではない。畜産や水産業も気候変動の影響を避けられない。

農業や畜産には大量の水を必要とする。１キロの牛肉をつくるには１万２０００リットルの水が欠かせない。キロ当たり１万２０００倍の水が要る。豚肉だと７０００倍、鶏肉で４０００倍、鶏卵で３０００倍くらいだ。

日本は世界でも水に恵まれた国である。しかし、日本はエネルギーベースで食料の６割を海外に依存している。地球規模の気候変動は、そういう意味では日本の食料安全保障を脅かす危惧が最も高いと言えるだろう。

食料安全保障のリスクは、温暖化による気候変動ばかりではなく、人口問題も大きな問題となる可能性をはらんでいる。

ここでいう人口問題とは、日本の人口減少をいうのではない。

世界人口の増加問題である。

先述のとおり現在の世界人口は約77億人だが、国連が２０１９年に発表した予測によれば、２０３０年に85億人、２０５０年には97億人、２１００年には１０９億人に達する。

表4-2　気温上昇によって生じるリスク

<table>
<tr><th>現象</th><th>1.5℃の地球温暖化に関する予測</th><th>2℃の地球温暖化に関する予測</th></tr>
<tr><td rowspan="3">極端な気温</td><td colspan="2">陸域における極端な気温はGMST（Global Mean Surface Temperature）よりも高くなる（H）。暑い日の数が陸域のほとんどの地域で増加し、熱帯地域で最も増える（H）。現在の脆弱性が変化しないとすると、2℃に比べて1.5℃に地球温暖化を抑えることで、極端な熱波に頻繁にさらされる人口が約4億2000万人、例外的な熱波にさらされる人口が6500万人減少する（M）。</td></tr>
<tr><td>中緯度域の極端に暑い日が約3℃昇温する（H）。</td><td>中緯度域の極端に暑い日が約4℃昇温する（H）。</td></tr>
<tr><td>高緯度域の極端に寒い夜が約4.5℃昇温する（H）。</td><td>高緯度域の極端に寒い夜が約6℃昇温する（H）。</td></tr>
<tr><td rowspan="2">干ばつ・降水不足</td><td colspan="2">一部の地域で干ばつ・降水不足が増加する。ただし、考慮する指数や気候モデルによって大きな変動がある（M）。</td></tr>
<tr><td colspan="2">地中海域及び南部アフリカにおいて、1.5℃に比べて2℃の地球温暖化においての方が乾燥傾向が強い（M）。</td></tr>
<tr><td>洪水</td><td colspan="2">洪水のハザードの影響を受ける世界全体の陸域の割合は1.5℃に比べて2℃の地球温暖化においての方が大きい（M）。</td></tr>
<tr><td>海氷の消失</td><td>昇温の安定後、少なくとも約100年に1度の可能性で、夏の北極海の海氷が消失する（M）。</td><td>昇温の安定後、少なくとも約10年に1度の可能性で、夏の北極海の海氷が消失する（M）。</td></tr>
<tr><td>サンゴ礁の消失</td><td>さらに70～90％が減少する（H）。</td><td>99％以上が消失する（VH）。</td></tr>
<tr><td>漁獲量の損失</td><td>海洋での漁業について世界全体の年間漁獲量が約150万トン損失する（M）。</td><td>海洋での漁業について世界全体の年間漁獲量が300万トンを超える損失となる（M）。</td></tr>
<tr><td>貧困及び不利な条件の増大</td><td colspan="2">地球温暖化の進行に伴って一部の人々において、貧困及び不利な条件が増大する。2℃に比べて1.5℃に地球温暖化を抑えることで、気候に関連するリスクにさらされると共に貧困の影響を受けやすい人々の数を2050年までに最大数億人削減しうる（M）。</td></tr>
<tr><td>健康への影響</td><td colspan="2">マラリア及びデング熱などの一部の動物媒介性感染症によるリスクは1.5℃から2℃の昇温に伴って増大し、感染症が発生する地理的範囲が遷移する可能性がある（H）。</td></tr>
<tr><td>食料安全保障への影響</td><td colspan="2">家畜は、餌の品質、疫病の広がり、及び水資源の利用可能性の変化の程度次第で、気温の上昇に伴って悪い影響を受ける（H）。</td></tr>
<tr><td>経済成長への影響</td><td colspan="2">1.5℃から2℃に地球温暖化が進んだ場合、熱帯域及び南半球の亜熱帯域の国において影響が最も大きくなる（M）。</td></tr>
</table>

（注）VH：確信度が非常に高い　H：確信度が高い　M：確信度が中程度
（出所）環境省「IPCC『1.5℃特別報告書』の概要」

現状でも、世界では９人に１人が、食料を十分に摂取できず栄養不足にあるといわれる。世界の人口が３割、４割と増えたとき、食料供給国が日本にだけ優先的に食料を輸出してくれることはありえない。

それでも日本は海外に食料需要を依存していられるだろうか。マルサス（１７６６〜１８３４）の『人口論』や１９７２年にローマクラブの「人類の危機」レポートで訴えた危機が、ときを経て現実となるかもしれない。

もし、世界の人口増加に温暖化による気候変動が加わり、干ばつや洪水によって農作物が被害を受ければ、各国とも自国の食料確保を最優先にするはずだ。余剰生産はあっても、価格の高騰は必至である。

そのとき日本に、食料を十分に輸入できるだけの資金があるか。輸出に充てられるだけの食料生産量は世界にあるだろうか。日本は、食料輸入に見合うだけの国力があるだろうか。令和日本の大問題は多元連立方程式となるだろう。

公衆衛生学の常識が通用しなくなる

温暖化のリスクはまだある。平均気温が２度上がれば、東南アジアや台湾で一般的な疫病が日本でも発生するリスクが高まる。

２０１４年８月、都内の代々木公園で蚊に刺されたという人から、デング熱患者が発生した。都が代々木公園の蚊を採取したところ、実際にデングウイルスを持った蚊は発見できなかったが、デング熱患者に海外渡航歴はなく、蚊による感染と発表された。デングウイルスを持った蚊は、熱帯、亜熱帯地域からの輸入品にまぎれて入り込んだと見られる。

戦前に日本が台湾やパラオなど南方に版図を広げていた頃は、デング熱は格別珍しい病気ではなかったらしい。しかし、すでに74年以上が過ぎている。

疫病の種類が変化するということは、これまでの公衆衛生学は通用しなくなるということだ。

このときは蚊が日本の冬を越せなかったのか、翌年以降のデング熱患者は発生していない。だが、冬場の気温が上昇すれば日本でも繁殖する可能性はある。デング熱やマラリアといった、虫を媒介とする病気の脅威も温暖化によるリスクのひとつだ。

6

水資源の問題とは食料の問題である

バーチャルウォーターという言葉を耳にしたことがあるだろうか。

食料の生産には水が必要だ。穀物や野菜、果物などの植物だけではない。家畜の生産にも家畜の飲料水、その飼料の生育に要する水が必要だ。

もし、その食料を生産するとしたら、どの程度の水を必要とするか、推定したものがバーチャルウォーターである。

トウモロコシ１キロを生産するには、約１９００～２０００リットルの水が要る。牛が育つには、このトウモロコシのような穀物飼料を大量に消費するため、牛肉１キロを生産するには１万２０００リットルの水を消費している。

食料を輸入するということは、自国の水の代わりに輸出国の水を消費していることに他ならない。相当量の水を輸入しているのと同じとも言える。

先述の通り国連の人口予想では、地球の人口はいまから20年後には90億人を超え、２０５７年には１００億人に達するとされている。

地球が、果たして１００億人の食料を支えるだけ淡水の量を貯えているか。

地球の表面は3分の2が水。その量は14億立方キロメートルといわれている。ただし、これらはほぼ海水であり、淡水はわずかに2・5〜3・0％に過ぎない。その淡水のうち、約70％が氷河や氷山であり、残りのほとんどはいわゆる地下水として貯蔵されている。河川や湖沼の水の量は、地球全体では約0・01％とほんのわずかなのだ。

水は、農業用水・生活用水・工業用水として使われる。農業用水と工業用水の使用比率は7対1・5だ。発展途上国の多くは農業国だが、経済成長と共に産業が発達するにつれ、工業用水の需要も増える。水の需要は増すばかりだが、量には限界がある。

アメリカも中国も水資源の問題を抱えている

特に問題なのは、世界の穀倉地帯の水資源の状況だ。

世界最大の食料輸出国はアメリカである。アメリカの中西部には、「世界のパンかご（ブレッドバスケット）」と呼ばれる大農業地帯がある。

この場所の農業生産を支える水が、ネブラスカからテキサスに至る「オガララ帯水層」と名付けられた世界最大級の地下帯水層である。日本の総面積の1・2倍といわれる大きさがある。

この重要な水源は枯渇が深刻で、あと40〜50年くらいしかもたないのではないかと危ぶまれている。

アメリカ中西部は気候的に雨が少なく、地下水が枯れたらこの地域では農業はできない。世界のパンの危機である。

パンだけではない。

当然のことながらコロラド、テキサスの農業も「オガララ帯水層」の地下水に頼っており、アメリカ全体の農業生産量の3〜4割が深刻な打撃を受けかねないのだ。

世界最大の食料輸出国のアメリカで、水不足が起きれば世界中が影響を受ける。

世界に影響を与えるということでは、中国の水不足も大問題だ。世界の約5分の1の人口を有する中国は、地理的に水の乏しい国である。

世界第2位の経済力と、世界の約2割を占める人口を抱える国の水は、1人当たりの年間水資源量では世界で120位である。世界で2番目の人口を抱えるインドが138位である。中国は、毎年500億立方メートルの水が不足しているという中国水利部の報告も

図4–5　世界の1人当たりの年間の水資源量

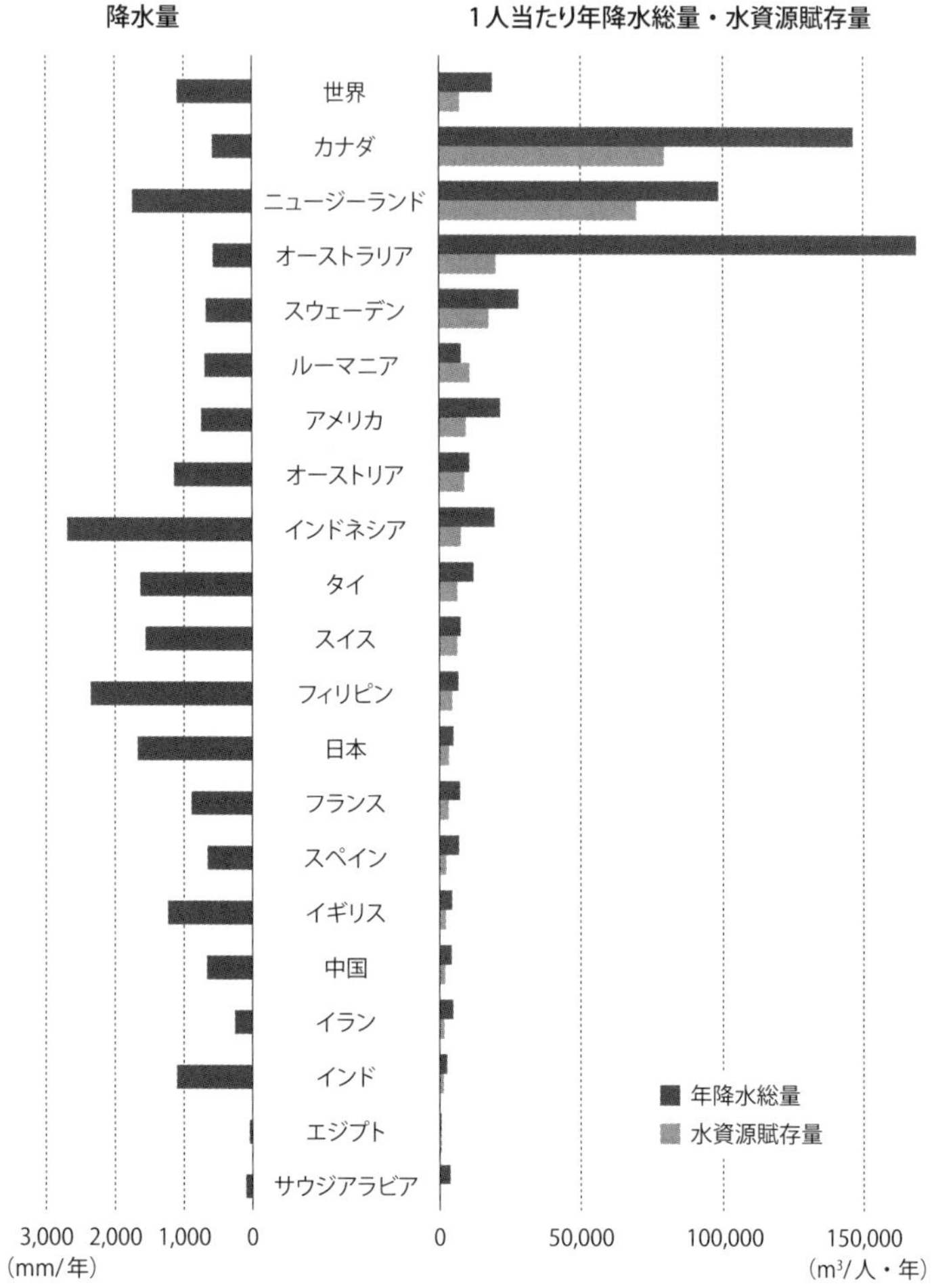

(出所) 国土交通省『日本の水資源の現況』令和元年版

ある。

北部農業地域の水源である黄河、淮河、遼河の水量は17％ほど減少している。比較的水資源の豊かな南部から北部へ水を引く２００３年から11年かけての「南水北調」事業でも、水不足の解決は難しいと見られている。問題は量だけではない。中国では、都市の４割近くで水質汚染が問題となっている。多くの河川（60％とも言われる）では、重化学物質汚染を受けている可能性は高い。

21世紀は水を争う世紀になる

人類は地球上にある２・５％の淡水のうち17％しか利用できていない。

このまま人口増加と水の需要が増えていけば、２０３０年には世界中で40％の水が不足するという国連の見通しもある。一方、温暖化によって溶け出した北極海の氷河の水による水位の上昇と淡水量の増加も見られる。

「20世紀の戦争が石油をめぐって戦われたとすれば、21世紀は水を巡る争いの世紀になるだろう」との名言がどこから出たのか不明だが、20年くらい前から多くの人から耳にしてきたことであり、だんだん現実味を帯びてきている。

人類の生存を脅かしている水不足の21世紀が、本当に水を争う地球規模の大問題の世紀となるか。水は正に世界の安全保障の問題でもあるのだ。

世界でも水に恵まれている環境の日本では、夏の一時期に地域によっては水不足が心配されるニュースを耳にするが、いずれかのタイミングで雨が降り、水不足は解消されることが多い。

だが、2020年の冬は雪不足が関東の水源地で話題となっている。世界を見渡しても、水資源の問題は深刻化している。

水を争うということは、食料を争うということだ。

このままでは温暖化と同様に、日本の食料確保を脅かすことになる。いまは飽食の日本だが、今後30年のうちに食料問題は必ず水問題として世界と日本に襲いかかってくる。

第5章

人口減少社会の真実を直視せよ！

2019年、日本の人口は最大で51万人減少したと推計された。ほぼ鳥取県の人口に相当する数が減ったことになる。人口減少の速度は想定を超えて進行している。人口減少問題は、いまそこにある危機なのである。

1

10年後、日本は大きな選択を迫られる

２０１９年４月、長野県、京都大学、日立製作所、三菱ＵＦＪリサーチ＆コンサルティングが共同で行った「ＡＩを活用した、長野県の持続可能な未来に向けた政策研究について」の結果を発表した。この共同研究で中心的役割を果たしたのが、京都大学「こころの未来研究センター」の広井良典教授である。

広井教授と日立京大ラボの研究は２０１６年に遡る。そもそもの研究テーマは「２０５０年の日本の持続可能性」であった。無論、シミュレーションだから「持続不可能」という答えもある。だが、研究の本意は「どうすれば日本が50年後にも持続可能でいられるか」にあった。

持続可能な日本社会の姿を求めて、この研究がはじまったのである。

答えを得るための方法として、日立製作所の協力を得てＡＩを活用したシミュレーショ

ンが採用された。まず１４９個の社会要因を設定し、２０１８年から２０５２年までの35年間で、約2万通りのシナリオが描かれた。

２０１９年、長野県を舞台に行われたシミュレーションは、その応用形である。長野県では、観光ＰＲ、多言語受け入れなどソフト面の環境整備、交通インフラの整備などの政策が、最良の結果に導くために必要という答えをＡＩが出した。日立京大ラボのシミュレーションでは、「曖昧なものを曖昧なまま」扱う。曖昧なものは曖昧なままにして分析したほうが、シミュレーションの確実性が高まる。自然科学と異なり、社会科学にはファジーな要素が多い。値によって結果が左右される変数（パラメーター）は、すべての可能性を考慮し、すべてが影響し合うようにした。

パラメーターをファジーにしたのである。日立製作所の協力で、曖昧なものを曖昧なまま分析できるコンピューターを得ることができた。ファジーな条件による分析である以上、得られる結果もファジーなものとなるが、確かな趨勢《すうせい》・傾向はつかむことができる。

そうして、２０５０年に向かって2万通りの日本の未来シナリオができた。

未来シナリオでは、ローマクラブが１９７２年に発表したレポート『成長の限界』が有名だ。

だが、ローマクラブのレポートにはファジーな要素が少ない。

そのせいかどうかはわからないが、結果としてローマクラブの予測は世界の人口増加を除くとほとんど外れた。90年代初頭には枯渇すると予言されていた石油は、その後、次々と新たな油田が発見され世界の石油埋蔵量は減少することなく今日に至る。70年代を代表する世界的なベストセラーは、今日では未来に警鐘を鳴らしたという意義のみで語られる書籍となっている。

「現実の世の中は曖昧で複雑ですから、曖昧な要素を含んだ分析をすることが重要だと考えています」。これが、この研究の新しさだと広井教授は言っている。

日本の未来を左右する2つのシナリオ

2050年に向けた2万通りの未来シナリオは、まず2つの分かれ道にぶつかる。

- **都市への人口一極集中が加速する「都市集中シナリオ」**
- **地方に人口が分散する「地方分散シナリオ」**

都市集中シナリオでは、出生率の低下、格差の拡大、個人の健康寿命や幸福感の低下は進行するものの、人口集中による公的サービスの効率化によって政府の財政は持ち直す。地方分散シナリオでは出生率が回復、社会的な格差縮小、個人の健康寿命や幸福感は増大するという未来が描かれた。

持続可能性を考えると、地方分散シナリオがより望ましいように見える。だが、地方分散シナリオは、政府財政や環境を悪化させ、「破局シナリオ」に陥る可能性もある。「破局シナリオ」を避け、「持続可能シナリオ」とするには、地方税収や地域内エネルギー自給率の増加、地方の雇用創出など、必要な政策を継続的に実行しなければならない。環境課税、再生可能エネルギーの活性化、地域公共交通機関の充実、文化や倫理の伝承、社会保障などの政策を有効としている。

いまから8～10年くらい後に、都市集中シナリオと地方分散シナリオの分岐点が訪れ、いずれかの道を選べば、それ以後は2つのシナリオが再び交わることはない。

ここが最も重要な点であると広井教授は述べている。

教授たちのシミュレーションによれば、10年後には「都市集中シナリオ」か「地方分散シナリオ」を選ばなくてはならないのだ。モラトリアムの時間はそう長くない。

一極集中シナリオでは破局の確率が高い

広井教授が「２０５０年の日本の持続可能性」を、ＡＩを使ってシミュレーションすることに思い至ったのは、現実の日本社会の持続可能性が危ういと感じていたからである。私自身はＡＩの分析に全幅の信頼を置くという立場ではない。ＡＩはしょせん人がつくったもの、人がつくったものはその人以上にはならないのが道理である。ＡＩには、ＷＨＡＴ（何）はわかってもＷＨＹ（なぜ）がわからない。

だが、アメリカの未来学者、レイ・カーツワイル（１９４８〜）は、ＡＩが進化し人間の能力を超えて自己改善する段階、シンギュラリティ（技術的特異点）が２０４５年に来ると言っている。

１００％理論通りには進まない、動物の血が流れるファジーな人間は、それゆえアイデアの飛躍があり、そこから発見、発明が生まれる。論理で動くＡＩが、人と同じように思考が飛躍するシンギュラリティに至るかとなると、大いに疑問であると答えざるを得ない。

ＡＩの未来はともかくとして、広井教授たちは、半年かけて2万通りの２０５０年の未来シナリオを描いてみせた。半年で2万通りのシナリオをはじき出すことは、人間には不可能だ。そこにＡＩの役割を見いだすことができる。

教授によれば、「日本が持続可能であるためには、一極集中から多極集中に向かうべき」だという。多極化というのはドイツがそのモデルとなるという。ひとつの大都市に人も産業も集中するのではなく、国内に分散させるのだ。

ドイツの国土面積は日本よりやや小さく、人口は約８３００万人である。大都市は首都ベルリン、ハンブルク、ミュンヘンだが、ベルリンが約３５０万人、ハンブルク約１８０万人、ミュンヘン１４５万人、50万人から１００万人規模の都市が十数カ所、40万人から20万人都市が三十数カ所である。ドイツは多極国家なのだ。

国の人口の１割近い、１０００万人超の人口を有する東京のような都市はない。首都ベルリンで横浜市並みである。

行政サービスの問題や医療サービス、買い物などの生活にかかわる問題を考えると、日本の人口が１億人を切る直前の２０５０年段階では、地方の隅々までサービスを行き届かせることが困難なのは明らかだ。

地方の空洞化が進み、日本では近くに商店のない買い物難民（買い物弱者）は７００万人程度に増えるといわれる。ドイツでは10万人規模の町でも賑わっているという。ドイツはヒントになるかもしれないが、ドイツ社会はまだ日本ほどの高齢者を抱えていない。

2 仕事はあっても収入は増えない

日本で今後も大都市に人口が集中する状態が続けば、地方には働き手もいないし、働く場所もないということになる。

一方、大都市にある企業でも、一部では現在すでに労働力不足が顕在化しており、大都市の企業といえども労働力不足はさらに深刻化するはずだ。

企業の労働力不足は、現役世代の労働者にとってみれば、雇用機会の増加につながるだろう。だが、それが労働者の収入増につながるかとなると不透明だ。

全就労人口の7割はサービス業に就いている。

サービス業の生産性は、人口減少社会では低下するものと見られている。人口密度が低くなるにつれ、購買者が広いエリアに点在するため、流通コストの上昇が避けられない。サービスを提供するコストが上昇し、生産性を押し下げるのである。

生産性の低い業種で高い収入は望めない。

生産性の高い一部の業種で働く所得の高い労働者と、圧倒的多数の生産性の低いサービス業で働く低所得の労働者との間では、ますます格差が開く恐れがある。

ＡＩやロボティクスの導入で劇的に生産性を上げることができれば、利益率の大きいサービス業も実現可能となろうが、技術開発のゆくえはまだ見通せない時期だ。

また、サービス業には、とりわけ日本では人間が人間にサービスすることで成立する業種・業態が数多くある。そこではＡＩ、ロボティクスは決定的な解決策とはならない。

そうなると人口減少社会では、仕事はあるものの、働く人の収入は増えないままということも真剣に考えておかねばならない。

収入減がもたらす不動産リスク

収入が増えない社会は、社会にとってもさまざまな問題を引き起こす。

２０２０年の東京オリンピックを前にして、都内は高層マンションの建設ラッシュだ。都内の一等地に立つ高級マンションは、相続税対策で購入した高齢者もいれば、低い金利を背景に住宅ローンを組んで住んでいる若い世帯も多くなっている。

流入人口の多い大都市の中心にある高級マンションは、大半の人々は人口減少が顕著になっても価格が大きく崩れることはないという見方をしているようだが、空き家や空き地が年々増えていく状況はプラス材料とは言えないだろう。

住宅ローン金利が低いとはいえ、マンションの価値は下がり、ローンばかりが残るという状況も考えられないことではない。

価値が下がっても、そこに住み続け、その街で暮らしていく分には何ら支障はない。

問題は、ローンを支払っていくだけの収入があるかだ。金利は固定だとしても、収入は変動する恐れがある。

ローンを支払うだけの収入は確保できても、家庭の出費、特に子供の養育費、成長に伴う教育費など出費のほうも増えていく。

当初の計画通りに給与が上がっていかないと、生活は苦しくなる一方だ。

その結果、ますます少子化に拍車がかかることも暗い予想として成り立つ。

経済の原則通り、永遠に上昇するものは何もない。上がったものは必ず下がる。

現在、都内や大都市周辺に見られるマンションの林立は、オリンピック前後まではと強気の人が多いだけに将来のリスクになることが危ぶまれてならない。

表5-1　建設後50年以上経過する社会資本の割合

	2018年3月	2023年3月	2033年3月
道路橋 約73万橋（橋長2m以上の橋）	約25%	約39%	約63%
トンネル 約1万1000本	約20%	約27%	約42%
河川管理施設（水門等） 約1万施設	約32%	約42%	約62%
下水道管きょ 総延長約47万km	約4%	約8%	約21%
港湾岸壁 約5000施設（水深－4.5m以深）	約17%	約32%	約58%

（出所）国土交通省『国土交通白書』令和元年版

老朽化するインフラも将来世代へのツケ

今日でも、すでに高度経済成長期以降につくられた道路や橋、トンネルの老朽化が問題となっている。

この問題も、10年後、20年後にはさらに深刻化するはずだ。

国土交通省によると、日本全国のトンネルのほぼ半数、道路橋、港湾岸壁、河川管理施設の約6割、下水道管きょの約2割が建設から50年を超える。

一度にこれだけの社会資本を更新する余裕は日本の政府・自治体にはない。

また、水道料金は市区町村ごとで管理して

いるため、住民の少ない自治体では１人当たりの水道料金が高めとなる。すでに日本各地の都市で、また同じ東京都でも、住んでいる市区町村によって差があるのはそのためだ。水を供給する水源のコストや配水のコストは変わらないため、住民１人当たりでコストを案分すると、人口減少率の高い市区町村では、水道料金がいまの３倍から４倍、あるいはそれ以上になる可能性もある。

水道のみならず、１億２０００万人の人口をベースに設計された各種のインフラは、ことごとくコスト割れを起こす恐れがある。

地方の公共交通機関もそのひとつであるし、公共施設も維持が困難になる自治体が出てくるはずだ。

人口減少社会では、それらのコスト増も受益者自らが負担しなければならないだろう。国と地方には、すでに１１００兆円ほどの借金があり、このツケを支払うのは結局、将来世代しかないことは自明だが、真正面から直視する人はほとんどいない。

また、未来の現役世代には年金の負担も大きい。

子供たちが苦しむ姿が必ず来るのを知っているのに知らないふりをする。なんてズルイ親ばかりだろう。

3

君は、人がいなくなる風景を想像したことがあるか

日本人には、そのときになれば何とかなるというメンタリティーがある。

実際に、何とかなったケースもないわけではない。しかし原子力発電所のように、燃料の燃えカスである核廃棄物を処理する目処さえ立たないまま操業をはじめ、にっちもさっちもいかなくなっているケースもある。

原発は、核廃棄物が大量に溜まるまでには時間がある。それまでには、核廃棄物処理の技術が開発されているだろうという楽観的な見込みでスタートした。ところが核廃棄物のリサイクル計画はいずれも頓挫し、いま大量の核廃棄物を抱えたまま、その処理の道すじさえもまったくついていない。

原発は、そのときになったら何とかなるだろうではじめた悪しき実例といえる。

人口問題も同様で、そのときになれば何とかなるでは、実際にはそのときが来てもどう

にもならない恐れがある。

実を言うと私は、少子化はある段階から改善する可能性があると考えている。人間は経済が豊かになり、人口が増える段階でいったん少子化にスイッチが入るものの、人口減少が行き過ぎれば、必ずいずれかの時点で人口増加にスイッチが切り替わるはずだ。それが人間の本性である。しかし、まだその段階でないことは統計数値を見れば明白である。また、少子化が改善基調に入っても、社会を支える年齢になるまでには20年は要する。つまり、これから20年から30年の間、人口減少は止まらない。

我々は、この点から目を背けてはならない。

寂寥とした社会に人は耐えられるのか

２０５０年過ぎには日本の人口は1億人を切る。

この予測は、多少の前後があっても恐らく外れないだろう。その頃には合計特殊出生率が改善、または改善の兆しが表れている可能性もある。だが、楽観は禁物である。

日本の人口が1億人を切っていた社会というのは、１９６６年（昭和41年）以前の時代にまで遡る。１９６６年の人口には沖縄県が含まれていないため、今日と同様、沖縄を含めて日本の人口をカウントすれば、もう少し前になるかもしれない。

人によっては、日本の人口が1億人を切るといっても、昭和30年代の日本に戻るだけと考えるかもしれないが、人の数は同じでも発展と衰退では社会と生活の様相は大きく異なる。

まず年齢構成が大きく違う。高齢者の数が人口の4割近くを占める社会というのは、歴史上、例のない事態だ。

しかし私が注目し、憂慮するのはそれだけでない。

人口が同じ1億人であったとしても、人が増えていく過程と人が減っていく過程では、その意味するところも、人々の心に与える影響もまったく別物となる。

人が増えていくときの人々の気持ちには高揚感がある。一方、人が減っていくときの人々の心は喪失感でおおわれる。同じ東京オリンピックでも、令和のオリンピックには、昭和のときほどの熱が感じられない。

私はすでに80歳を過ぎている。毎年、親しい友人の何人かは鬼籍に入ってしまう。人に寿命がある以上、こうした事実は致し方ない。だが、私の周囲から少しずつ人が消えていくことによる、いずれやって来る陰気な喪失感は、私がいま現実に感じているところだ。

しかし私でさえ、人は自ら直面しない限りすべて他人事であり、人の不幸を同情するに

表5-2　2040年に人口が減少する自治体

人口段階	増加	±0～▲10%	～▲20%	～▲30%	～▲40%	～▲50%	～▲60%	～▲70%	▲70%～
100万人以上	3	6	2						
（11団体）	27.3	54.5	18.2						
50～100万人	6	8	10						
（24団体）	25	33.3	41.7						
20～50万人	17	36	25	12	1				
（91団体）	18.7	39.6	27.5	13.2	1.1				
10～20万人	19	34	59	31	8	1			
（152団体）	12.5	22.4	38.8	20.4	5.3	0.7			
3～10万人	41	63	98	150	117	27			
（496団体）	8.3	12.7	19.8	30.2	23.6	5.4			
1～3万人	21	21	40	87	134	107	18	1	
（429団体）	4.9	4.9	9.3	20.3	31.2	24.9	4.2	0.2	
1万人未満	5	12	21	51	120	149	99	21	1
（479団体）	1.0	2.5	4.4	10.6	25.1	31.1	20.7	4.4	0.2
合計	112	179	256	331	380	284	117	22	1
（1682団体）	6.7	10.7	15.2	19.7	22.6	16.9	7.0	1.3	0.1

（注）2015年から2040年にかけての人口段階別市町村の変動。
（出所）総務省『2040年の人口の動向について』

すぎないものだ。

いまから30年間で、この社会の人口が２０００万人近く減る。その結果、日本の各地で、どれだけ寂寥《せきりょう》感に満ちた光景が現れるか、想像してみてもらいたい。

年を追うごとに、想像以上の形で急速に自分の周りから人が減っていくのだ。

街を歩いていても、以前には多くの人で賑わっていた場所に人影が少ない。それがこの街だけの現象ではなく、ほんの一部の大都市地域を除き、日本全国の光景になると想像したとき戦慄を覚えないだろうか。

人口減少が人の心に与える影響

人が減っていく中で生きることは、とても生きづらいのだ。

総務省の報告書では、２０１５年と比較して、２０４０年に人口が半減する自治体が４００以上に及ぶ。暗く、人っ子ひとり目にしない活気を失った老衰した街を見たとき、老若男女を問わずこのままではいけないと突き動かされる気がするだろう。

そこから数少なくても若者に元気があれば、社会全体で改革が推し進められる可能性はある。だが、すでに手遅れとなっている可能性もけっして小さくない。

それ以前に人がどんどんいなくなる風景が、残った人々にどんな影響をもたらすか心配である。果たして、そういう社会に暮らす若い人々が、未来に希望を見いだせるだろうか。それでも、なお夢と情熱を持って生きられるだろうか。

人口問題とは社会的、生物学的な条件のみで語られるべき問題ではない。人に心がある以上、人の心を無視して社会を語るわけにはいかないはずだ。

人の本質を深く理解し、人の本性から人口問題を考えることも、残念ながら問題解決に必要な残虐なアプローチのひとつと思われる。

4

日本はすでに急激な人口減少がはじまっている

左ページのグラフは、東洋経済オンラインに載ったものだ。当時、国立社会保障・人口問題研究所の所長だった森田朗（１９５１生）氏（現・津田塾大学総合政策学部教授）の記事の参考資料である。このグラフは、読者から大きな反響があったようだ。

１００年、１０００年という長い期間で人口の変動を示すことによって、今後30年、50年で起こる過去に例のない人口減少の凄まじさが、人々にも目で見てわかる。いわゆる「見える化」の効果だと森田教授もコメントしていた。

数字で言われてもピンとこないものが、図式化されてはじめて実感を持って受け取れるということはある。

このグラフでは、２０１０年に人口のピークを迎えた後、２０５０年頃に1億人を切り、滝の水が落下するように、ほぼ真下に向かって落ち込む様子がよくわかる。

図5-1　日本の人口の歴史的推移

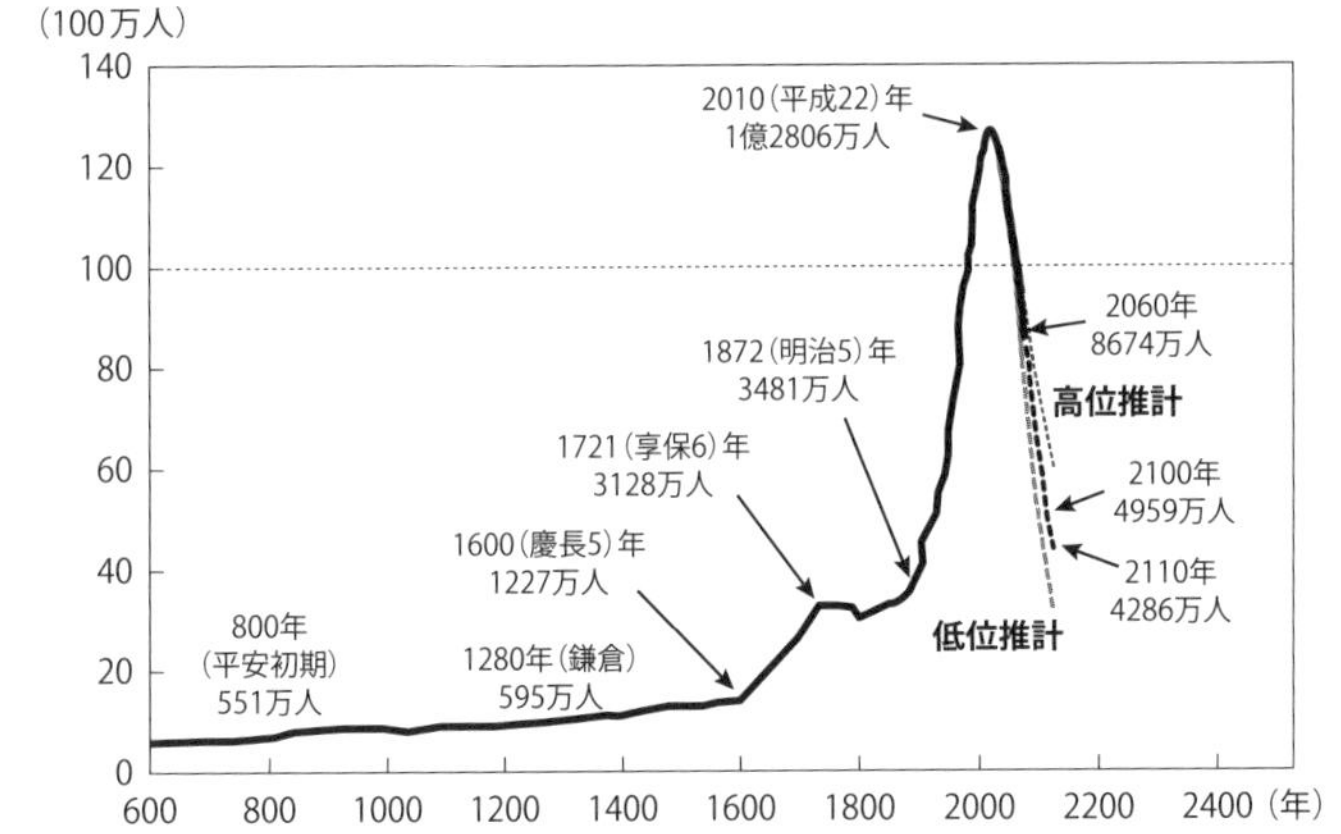

（出所）東洋経済オンライン2016年12月8日

「死亡者が１００万人を超えたのは２００３年です。２０１９年には死亡１３７万に対して出生86万人と、51万人も人口が減りました。鳥取県くらいの人口が減ったことになります。２０４０年からは、毎年１００万人ほど減るので、秋田県くらいの人口がなくなるイメージです」（森田教授）

だが、このような激しい人口減少の結果、日本社会に何が起きるのかということになると、意外に多くの人がその深刻さを実感していない。森田教授によれば「たしかに人口は減るかもしれないが、そのときになったら何とかなるんじゃないか」と考えている人は多いという。そこまで楽観的ではなくても、まだ20年、30年先のことと事態を等閑視しているのだろう。

しかし、人口減少の結果起きる社会の変化は、ある程度推測されている。

総務省が２０１８年に発表した「自治体戦略２０４０構想研究会」の第一次、第二次報告には、主に自治体を中心に日本社会の20年後から30年後の姿が描かれている。

20年後の日本の危機

２０４０年に予想される人口ピラミッド（もはやピラミッドの形は成しておらず、この形は「棺おけ型」と呼ばれる）では、ボリュームゾーンが65歳から75歳の前期高齢者となり、２０１５年の人口ピラミッドと比べても重心が高くなっている。

その理由は、二極のボリュームゾーンをつくっていた団塊の世代と団塊ジュニアのうち、団塊の世代が、２０１５年に１３５万人ほど減り、団塊ジュニアが前期高齢者の仲間入りをするためである。

総務省の「自治体戦略２０４０構想研究会」では自治体消滅の他に、２０４０年頃にかけての危機として11の項目を挙げている。


〈東京圏の危機〉

①東京圏は入院・介護ニーズの増加率が全国で最も高い。そのため医療・介護人材が地

図5-2　日本の人口ピラミッド予測

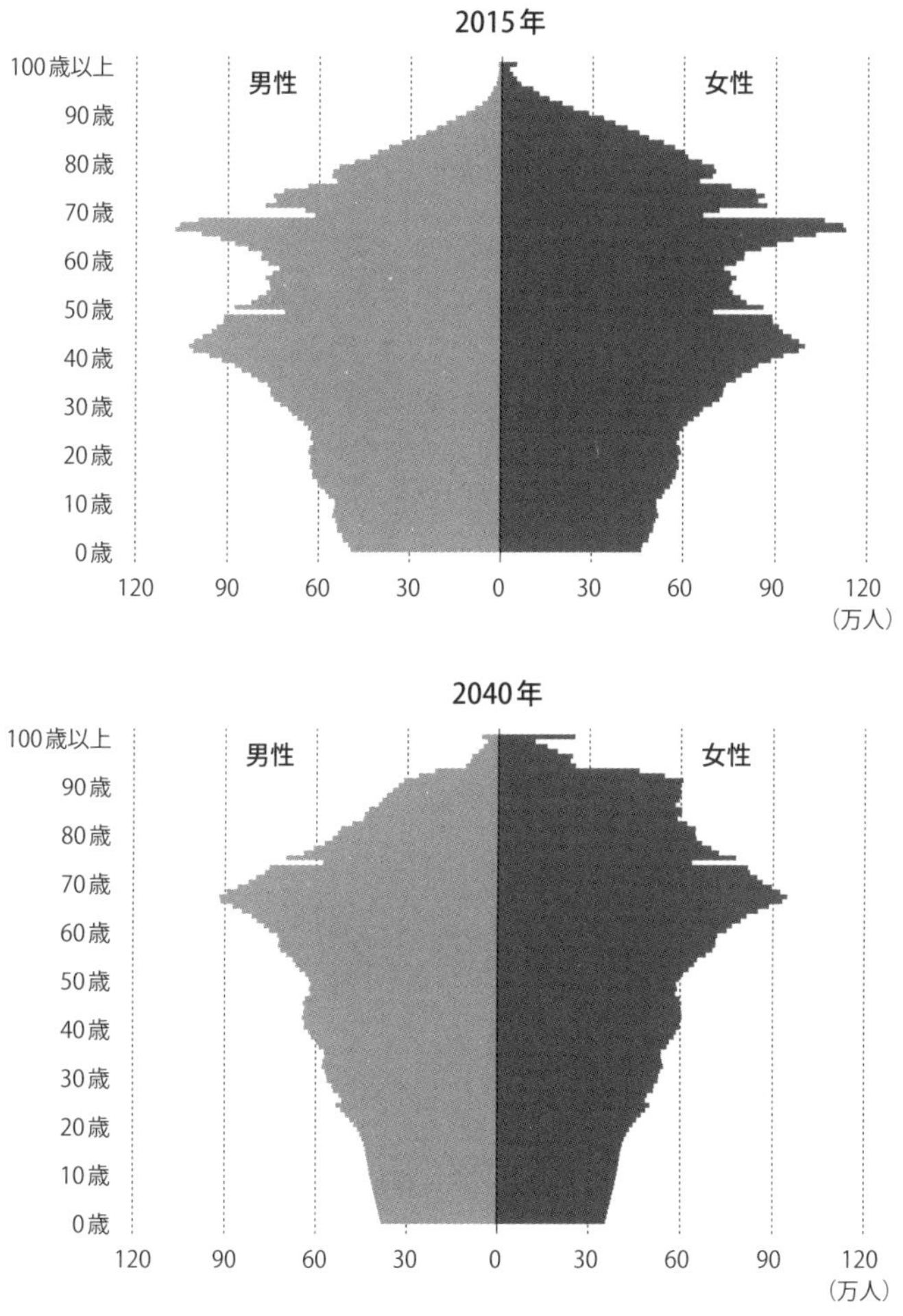

（出所）国立社会保障・人口問題研究所「日本の将来推計人口」

方から東京圏へ流出する恐れがある。②東京圏には子育ての負担感につながる構造的要因が存在し、少子化に歯止めがかからない恐れがある。

〈地方圏の危機〉

③地方圏では、東京からのサービス移入に伴う資金流出が常態化する恐れがある。④中山間地域等では、集落機能の維持や耕地、山林の管理が一層困難になる恐れがある。

〈経済・雇用の危機〉

⑤世帯主が雇用者として生活給を得るモデルは標準的とはいえなくなる。⑥就職氷河期世代で経済的に自立できない人々が、そのまま高齢化する恐れがある。⑦若者の労働力は希少化し、公民や組織の枠を超えた人材確保が必要となる。

〈教育の危機〉

⑧教育の質の低下が技術立国として国際競争での後れにつながる恐れがある。

〈都市インフラの危機〉

⑨多くの都市で「都市のスポンジ化」が顕在化。放置すれば加速度的に都市の衰退を招く恐れがある。⑩東京圏では都心居住が進むが、過度の集中は首都直下地震発生時のリスクになる恐れがある。⑪高度経済成長期以降に整備されたインフラが老朽化し、設備更新の投資を必要とする。そのため国民生活を圧迫する。

5

大都市圏で孤独死が急増する

現在、東京、横浜、名古屋、大阪などの大都市圏に人々が流入し続けている。千葉県、埼玉県などの人口増加は、東京圏への人口流入の結果だ。千葉県全体、埼玉県全体の人口が増加しているわけではない。増えているのは、千葉県では千葉市、船橋市など、埼玉県ではさいたま市、川口市などであり、千葉、埼玉ともに東京に隣接した市で人口増が顕著となっている。

こうした大都市圏へ移り住む人には、65歳以上の高齢者も多い。こうして大都市圏に集中した高齢人口は、そのまま大都市圏でさらに年を重ねることとなる。20年後の大都市圏には、85歳以上の高齢者が集中することになるのだ。

人口の集中と高齢化はさまざまな問題を生み出す。現在でも、東京では介護サービスの人材が不足し、東京に住んでいながら他県（千葉、埼玉、神奈川）の介護サービスを利用す

図5-3　都市に集中する高齢者（2015→2040年）

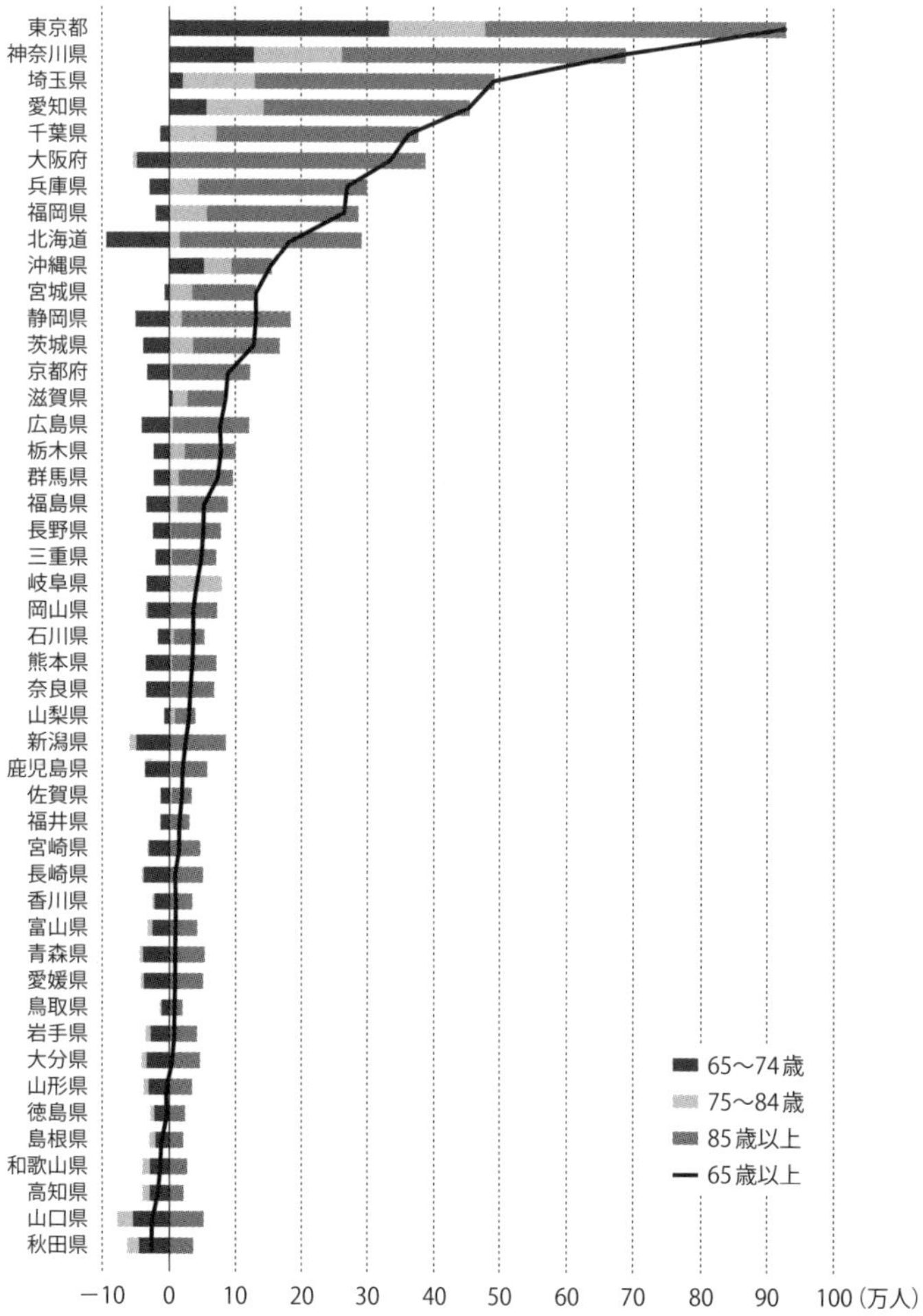

（出所）国立社会保障・人口問題研究所「日本の地域別将来推計人口」平成30年推計

図5-4　65歳以上の一人暮らし高齢者の推移

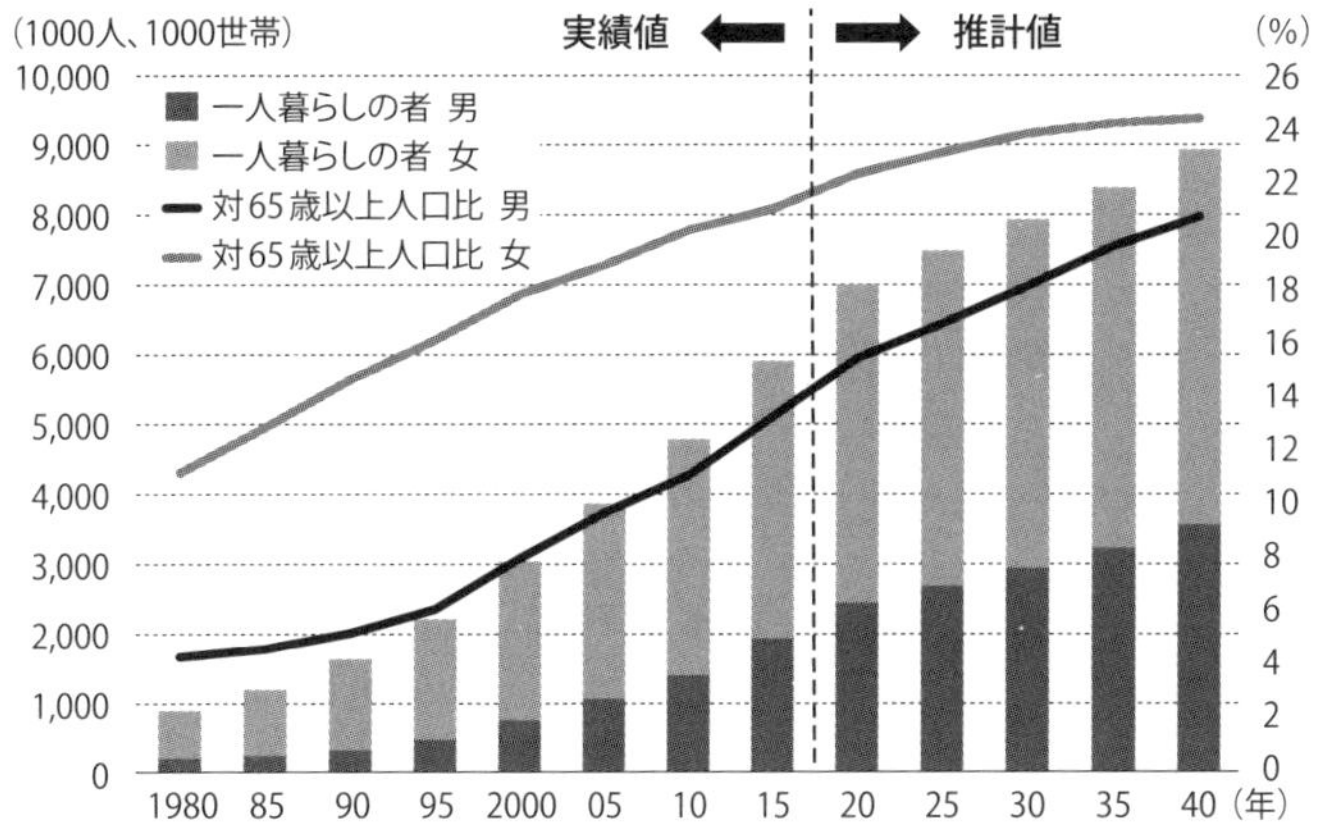

(出所) 内閣府『高齢社会白書』平成30年版

る人が増えている。

あまりに高齢者が集中すると、ひとつの自治体では支えきれなくなる恐れがある。

隣人の孤独死に対する強い動揺

高齢化率が上がるに従い、連れ合いを亡くした一人暮らしの孤独高齢者が増えていく。

高齢者の一人暮らしの増加は全国的な傾向だが、東京で暮らす高齢者は、地方で暮らす高齢者に比べ地元の社会との関係性が薄い。

島根県、山形県は自治会などの参加率が90%とほとんどであるのに比べると、東京はあまりにも低い。

地縁社会とのかかわりは、一部が東京圏にかかる埼玉県や名古屋圏につながる岐阜県でも、東京ほどではないにせよ、島根、山形に比べると疎遠な印象が拭えない。

傾向としては、大都市圏では地縁社会とのかかわりが少なく、地方では地縁社会が大きな位置を占めていると言えそうだ。

地縁の薄い大都市圏では、高齢者の公助と自助は可能でも、共助となるとほぼ無力のように見える。

地域とのかかわりが薄いと、心配されるのが孤独死である。孤独死は、単なるひとりの人間の死去というだけではない社会への強いインパクトがある。

隣人の孤独死を契機にはじまった「ご近所付き合い」のイベント「隣人祭り」は世界的に広がっている。「隣人祭り」は、高齢女性の孤独死に強いショックを受けたひとりのパリ市民の「孤独死をなくそう」という呼びかけからはじまった。

この運動が世界に広がっていることからも、隣人の孤独死に対する強い動揺が世界の人々に共通した思いであることがわかる。

孤独死は世界の社会問題なのである。

街の未来の姿を決めるのは今しかない

高齢者が集中する街では、医療機関はなくてはならない。場合によっては、医療サービスは自治体ではなく国の責任で行う必要があるかもしれない。85歳以上の高齢者がある地域に集中するということ自体、歴史上なかったことだ。非常のときには非常の措置をもって当たるというのは定石でもある。

医療機関を街の中心に置き、そこから生活に必要な施設を順次配置するという街づくりも高齢者が集中する地域では、緊急避難的なプランのひとつではある。

しかし、どういう街づくりとするかは、そこに暮らす人々に決定権がある。85歳以上の高齢者ばかりが住む街をつくるのか、それよりも若い人を交えた街づくりにするのか。いまそこに住んでいるのは、65歳以上の人々ばかりではない。

住民が一緒になって20年後を直視し、街の姿を決めるのはいましかない。孫や子どもの時代に責任を持つのは大人の義務である。

まだ少しの時間はある。いまから真剣に考えれば、住民にとってベターな選択はできるはずだ。

6 伝統校・名門校も存続が困難になる

人口減少社会は、若い世代にもさまざまな問題を突きつける。

総務省「自治体戦略２０４０構想研究会」の報告で、気になるのは若者の環境についてだ。とりわけ教育環境が低下することは大きな問題である。

人口減少が進むことで地方の私立大学は経営が困難となり、整理されていく可能性が高いとされている。それは国立大学であっても、多かれ少なかれ同じ境遇にあるといえる。

小学校、中学校、高校も地域の人口減少が進めば、たとえ伝統校・名門校といえども維持が困難になるのは明らかだ。まして幼児教育の現場はもっと深刻であろう。

若い世代から教育機会を奪うことは、国力を失うことに他ならない。

離れた場所にいる学生が、授業を受けることは現在でも可能だ。だが、実習、実験、実技を伴う授業はそうはいかない。文系の大学生なら、インターネットを活用した遠隔授業

図5-5　公立学校の廃校数の推移

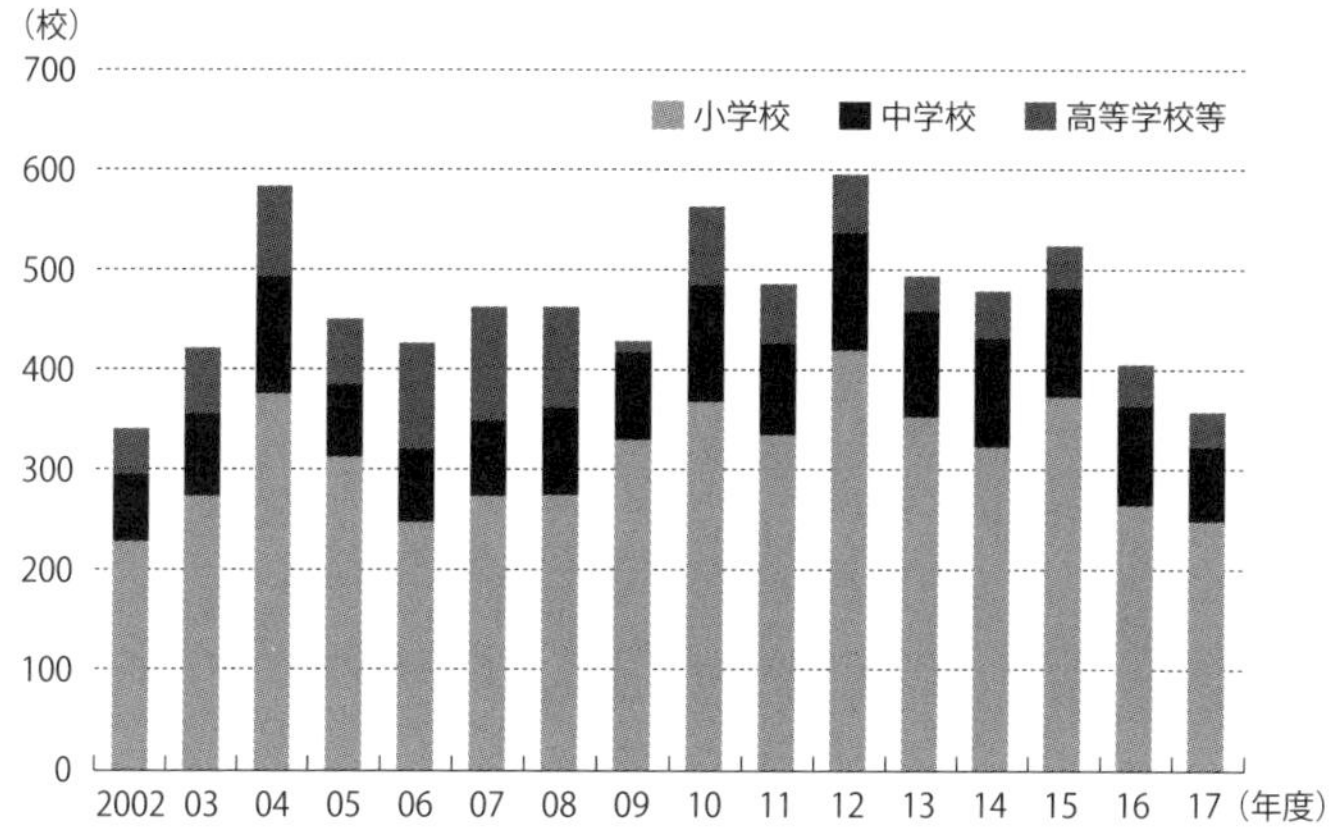

（出所）文部科学省「廃校施設等活用実態調査」

も可能だが、理系の学生は実験・実習を必要とする。実験・実習には設備が必要だ。遠隔授業だけでは、理系の学生は育たない。

小学校、中学校、高校では、実習、実験、実技を伴う必修科目が多い。通学は不可欠である。日本でも、大昔はひと山越えて学校まで通うという地域もあったが、30年後の日本でもそうした通学困難な場所が現れる可能性は高い。しかし地域によって、子供たちの教育格差が生じる事態は、何としても避けなければならない。

企業も消えていく

数を減らすのは学校ばかりではない。

企業の数も、人口減少に伴う市場の縮小

図5-6　企業の休廃業・解散、倒産件数の推移

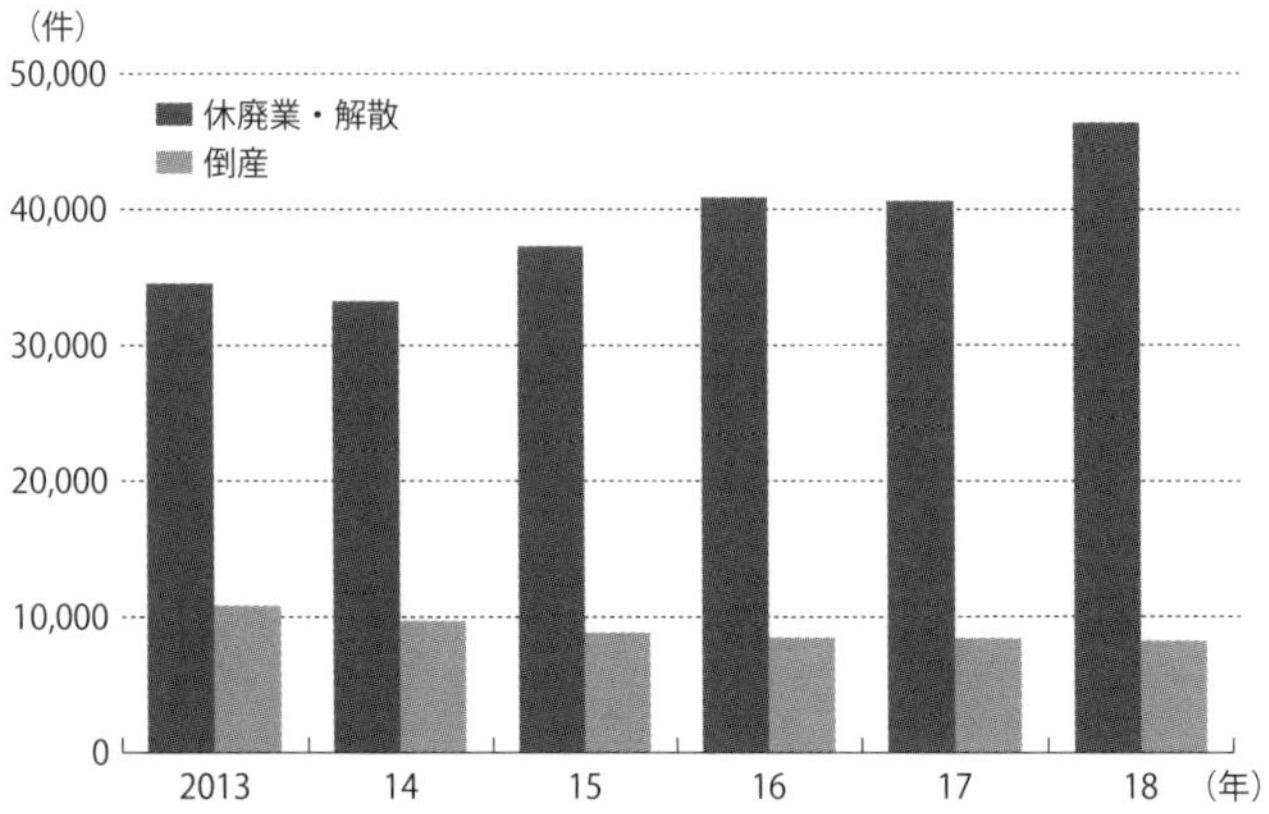

（出所）東京商工リサーチ調べ

と労働人口の減少によって、営業不能を余儀なくされるはずだ。現状でも、企業の新たな設立は低調で、企業総数はとりわけ中小企業を中心にかなり減少している。

人口が減れば、既存の商圏で商売をしていた流通業は、チェーン店であれば統廃合による規模の縮小、個人商店であれば廃業もあるだろう。

街から少しずつ商店が消えていく。現在でも目にする光景である。

かつては主要な駅の前には必ず書店があった。だが、いまは地方の駅前で書店を見かけることがない。

書店が消えていった光景が、同じように鮮魚店、青果店などの小売店でも起こるのである。

図5-7　空き家数・空き家率の推移

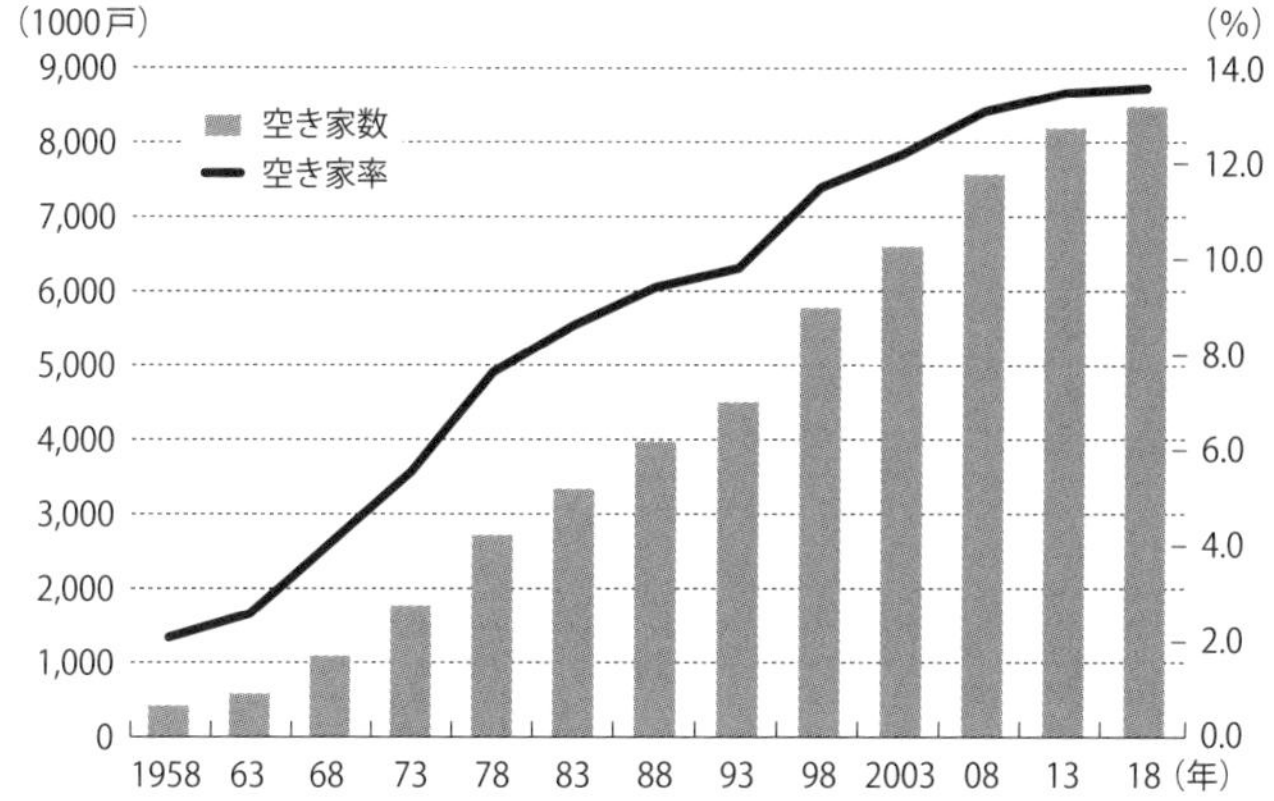

（出所）総務省「平成30年住宅・土地統計調査」

商店だけではない。産業は、ひとつひとつの業種が独立しながら、関連して地域の経済圏を構成している。流通業の衰退は、そこに製品を納めていた企業、物流を担っていた企業も連鎖してマイナスの影響をこうむることとなる。

地域の経済圏が縮小すれば、企業も再び整理に手をつけざるを得なくなる。

決め手に欠ける政府の対応

総務省「自治体戦略２０４０構想研究会」のレポートで、危機として挙げられている11項目の中には、〈経済・雇用の危機〉や〈都市インフラの危機〉など、今日すでに表面化している問題もある。

同レポートでは、危機への対応策も挙げられているものの、高齢者の自助・共助、ＡＩの活用、イノベーションの期待、働き方やライフスタイルの多様化、コンパクトシティなど、問題の解決にはこれといったものがない。

〈都市インフラの危機〉で挙げられている「都市のスポンジ化」とは、人口減少によって空き地や空き家が増える状態をいう。スポンジ化は、従来の人口密度で設計されているサービス業や行政サービスシステムでは、大幅にコストを押し上げることになってしまう。

中山間部では、集落の機能維持が困難になるほどの「低密度化」が懸念されている。

先述した通りサービス業が、全体的な人口減少に伴い生産性が低下することは明らかである。ＡＩやドローン、ロボティクスなどテクノロジーがそれを補う可能性はあるが、現状の技術力では将来の地方経済や中小企業の再生に夢を与える力はなく、いずれも依然として決め手に欠く状態にある。

7 移住外国人の幸福に責任を持てるか

２０１９年4月に「改正入管法」が施行され、政府は5年間で34万人ほどの海外の技能労働者の受け入れを目指すという。

年間で30万から40万人の人口が減っていく我が国にあっては、5年間で34万人では人口減少の歯止めとはならないが、人口減少による労働力不足を補おうとすれば、外国人労働者の受け入れも対応策のひとつではある。

事実、地方の農林水産業の現場では、外国人労働者が主力となっているところも多い。農林水産業の現場ばかりではない。２０１９年6月にホルムズ海峡で日本のタンカーが攻撃を受けたが、このときタンカー乗組員に日本人はひとりもいなかった。海運業でも現場では、すでに外国人船員が主力となって日本の海運を支えているのである。

こうした外国人頼みの現場があることとは、人口問題とは別の問題を含んでいる。

総務省が住民基本台帳をもとに調べたところでは、2019年1月時点の日本人の数は約1億2474万人。在留外国人の数は前年より約17万人増え、約266万7000人となったため、日本の総人口は約1億2744万人（前年比約26万人減）、総人口に占める外国人の割合は2・09％となった。

日本で暮らす在留外国人の数は、30年前の1989年には約98万人であった。グローバリゼーションが進む社会で、在留外国人が増えていくのは自然な成り行きといえよう。日本がよければ、どこの国の人であれ、日本に住むことは可能だ。一方、日本人の海外移住も増えている。

だが、労働力の補填を意図した移民政策は、自然な増加とは質の異なるものだ。

166万人の外国人が働く日本

2018年の総人口の減少は26万人だが、流入外国人を除き日本人だけをカウントすると、前年から約43万人が減っている。

2019年の減少幅は、調査をはじめてから最大である。外国人が入って来なければ、日本の人口減少はもっと急速に進む。すでに日本はそういう社会なのである。

表5-3　外国人雇用事務所数の推移

	2017年		2018年		2019年	
	事業所数	対前年増減比	事業所数	対前年増減比	事業所数	対前年増減比
事業所総数	194,595	12.6%	216,348	11.2%	242,608	12.1%
30人未満	111,847	14.2%	127,226	13.8%	145,000	14.0%
30～99人	36,284	11.0%	40,096	10.5%	44,384	10.7%
100～499人	23,360	9.7%	25,321	8.4%	27,530	8.7%
500人以上	7,949	9.7%	8,546	7.5%	9,098	6.5%
不明	15,155	11.1%	15,159	0.0%	16,596	9.5%

（出所）厚生労働省「『外国人雇用状況』の届出状況」

日本全体としては、人口減少が止まらないという状況だが、自治体別で見ると人口を増やしているところもある。横浜市は全国で6番目の人口増加市だが、その要因には外国人の増加も大きい。横浜市ほどではないにせよ、外国人は全国の都道府県で増加している。

外国人を雇用する日本企業も増えて、厚生労働省の２０１９年10月の調査によれば24万２６０８事業所だ。前年同期比で約12％の増加である。外国人労働者は約１６６万人で、外国人雇用の届出が義務化されてから、過去最高を更新している。

地方でも外国人観光客（インバウンド）に対応するために、新たに外国人を雇い入れている企業が増えている。外国人労働者の届出が義務化されてからでは、過去最高だ。

２０２０年には東京オリンピックもあるため、

この傾向は今後もしばらくは続くはずである。日本に住んでいる外国人のうち、永住者の割合は約28％、留学生の割合が約12％、技能実習生が約13％、特別永住者が約11％、技術・人文知識・国際業務関連で約9％となっている。

移民の定義が定まらない日本

在留外国人はいわゆる「移民」なのか。自民党の特命委員会による定義では、移民とは「入国時にいわゆる永住権を有する者」である。永住目的で日本にやって来る外国人が移民であり、一時的な就労目的の外国人は移民ではないとしている。

政府としての正式な移民の定義はない。

国連経済社会局の見解でも、移民の法的な定義はない。だが、多くの専門家の意見として、「移住の理由や法的地位に関係なく、定住国を変更した人々を国際移民とみなす」ことを挙げている。移住期間が3カ月から1年までを短期または一時的移住、1年を超えて住み続けることを長期的または恒久移住としている。

移民大国のアメリカでは、永住権を持った外国人が移民である。

当然ながら、どこの国でもそうであるように、日本へやって来た外国人でも日本に帰化すれば日本人となる。移民の定義とは、日本に永住する外国人のことだけか、短期的に日本に住んでいる外国人も移民となるのかという問題だ。

外国人移住者受け入れで世界第4位の日本

ＯＥＣＤの移住者の定義は、「有効なビザを保有し、90日以上在留予定の外国人」としているため総務省の在留外国人総数とは数字が異なる。

日本への移住者数は、以前からＯＥＣＤ35カ国中では常に上位にランキングされていた。２０１０年から２０１１年は7位、２０１２年から２０１４年は5位である。

２０１５年、ＯＥＣＤ加盟35カ国の外国人移住者統計で、日本への移住者は約39万人（前年比約5万５０００人増）となり、韓国を抜いて第4位に浮上した。その後も増加を続け、２０１７年も4位となっている。

ただし、日本を世界第4位の移民大国とするには、1位、2位との差があり過ぎる。

アメリカやヨーロッパ諸国における反グローバリズム、移民排斥の動きは社会的にも大きな影響があるので、トップ3カ国への移住者数は減った可能性があるものの、ドイツ、アメリカの移民の数はケタ違いである。

図5-8　移民ランキング上位10カ国（2017年）

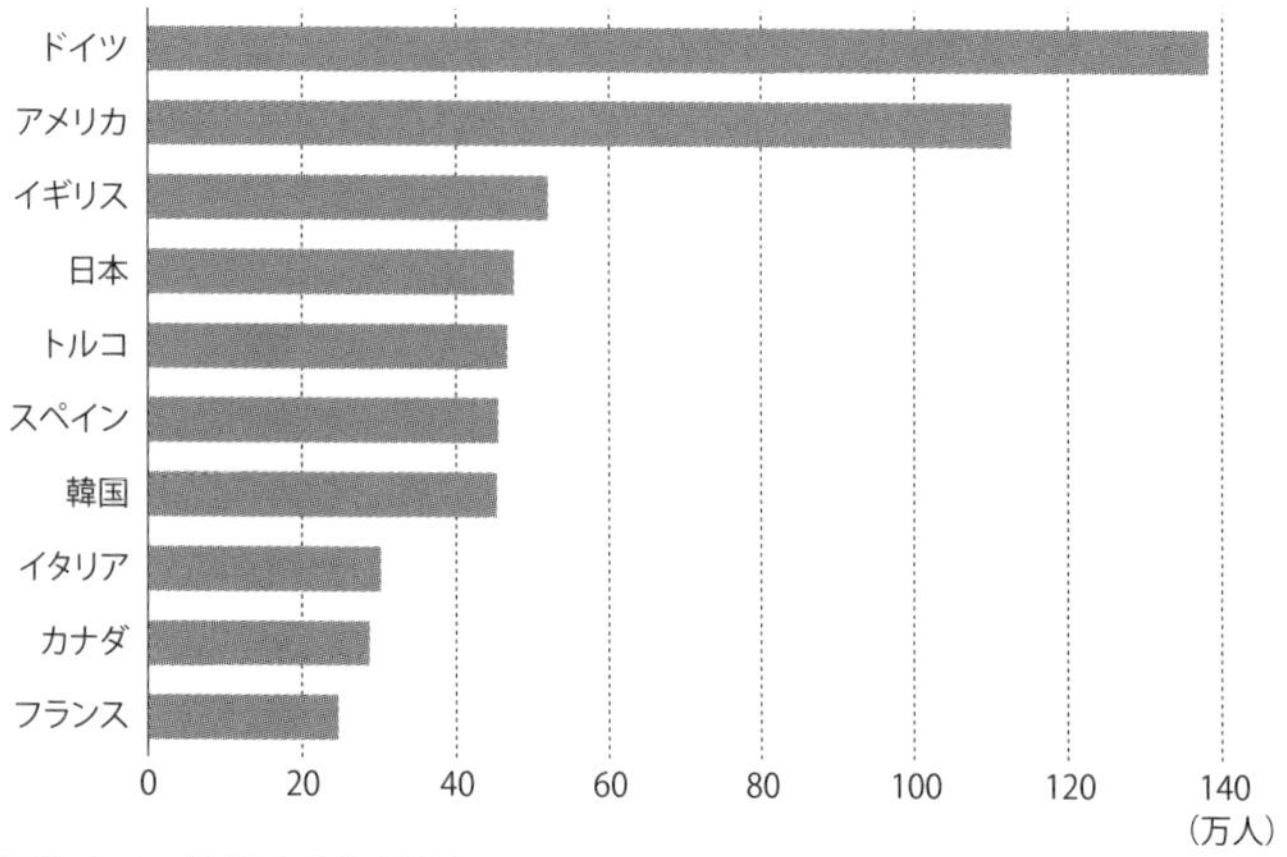

（出所）OECD「外国人移住者統計」

しかし日本の総人口の減少を抑制し、増加する高齢者にかかる現役世代の社会保障費負担を軽減するには、３位のイギリス並みに移住者を増やしてもまだ足りない。人口問題を解決しようと思うならドイツ並みの移住者が必要なのだ。

日本にやって来る外国人も、我々と同じ人間である

「我々は労働力を呼んだ。だが、やって来たのは人間だった」

移民問題が取りざたされるようになって、よく聞く言葉である。スイスの作家・建築家マックス・フリッシュ（１９１１～１９９１）の言葉だという。

図5-9　在留外国人の構成比（2018年末）

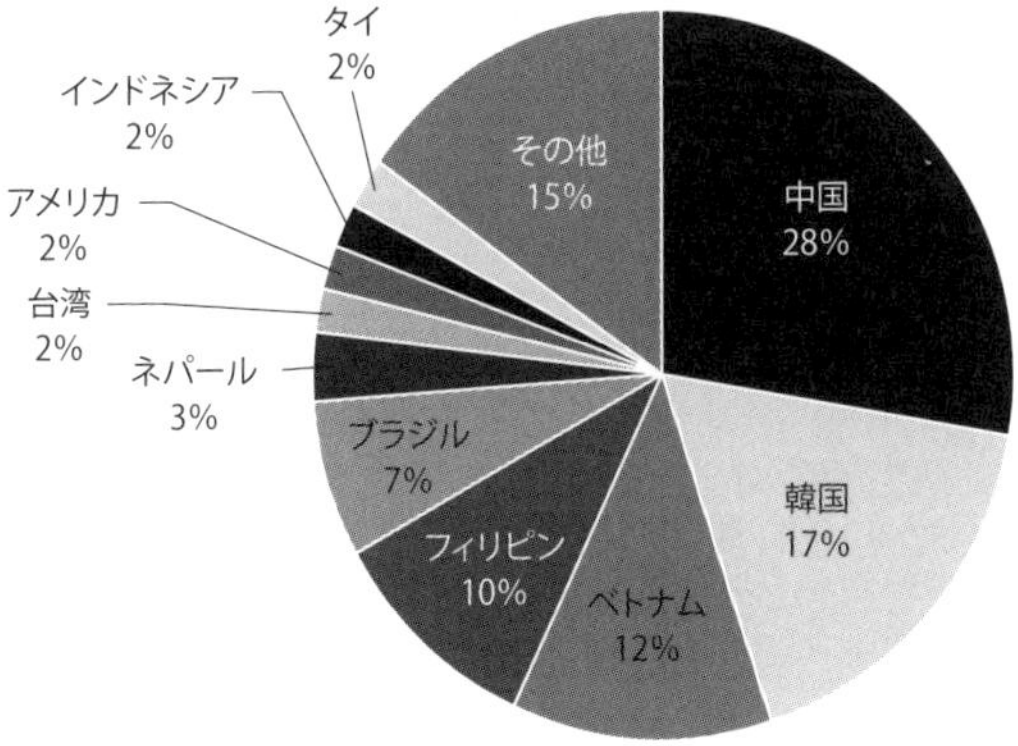

（出所）法務省「平成30年末現在における在留外国人数について」

我々は、わが国の当面の労働力不足と社会保障の担い手不足を補う労働力として、移民を考えがちだが、日本にやって来る外国人も、また我々と同じ人間である。

労働力としてやって来て、用が済んださっさと故郷の国へ帰ってくれたら、こんなにけっこうなことはないが、そううまくいくはずなどない。

彼らもまた幸福な生活を求めて日本へやって来るのだ。我々日本人は、彼ら外国人の幸福にも一定の責任がある。日本で十分に生活できるだけの報酬を確保することはもちろんであり、日本で永住したいと願う者から、不当にチャンスを奪うことや制限することもあってはならない。

日本にやって来た外国人が日本で信頼を

得て、彼らも日本を信頼すれば、彼らの何割かは日本の地域社会になじみ、その一員となるはずだ。労働力としてやって来ても、そのうちの何割かは「移民」、一部は「国民」として日本の社会を構成することとなる。

彼らが日本の生活に慣れ、経済的にもある程度豊かになれば、多くの人々がそうであるように、労働力としてやって来た外国人も権利に目覚める。

そのとき世界的にも歴史的にも日本人以外との接触の少ない我々日本人は、彼らを「少数民族」扱いせずに、よき隣人として迎え入れることができるだろうか。彼らを我々と同じ血の通った生身の人間として尊重し、歩み寄りながら我々の社会に迎え入れることができるだろうか。

もし、それができなければ、我々は新たにやっかいな社会問題を抱えることになる。

私は、戦前にアジアに進出した日本人の振る舞いや、今日の日本人の中国・韓国に対する国民感情を見るとき、新たな移住者をこちらから歩み寄って迎え入れることは大変に難しいように思えてならない。

なぜなら日本にいる長期在留者のほとんどが、中国・韓国人、東南アジアの人々だからである。

第6章

これからの30年、日本の周辺で起きること

グローバリゼーションは世界の流れだ。しかし排外主義の台頭、イギリスのEU離脱など反グローバリゼーションの動きも激しい。未来は不確定である。それでも事実を正視すれば、自ずと未来は見えてくる。

1

２０４９年、アジアに巨大な民主主義国が誕生する

中国は、やがて巨大な民主主義国にならざるをえないだろう。

私は、これまでずっとこう言い続けてきた。民主主義国家中国の誕生は、中国建国１００年に当たる２０４９年あたりのことになるだろう。つまり短いようで長い30年後である。これからの30年の間に、アジアに巨大な、いままでと同じでないにしろ、合法的な形をもった新しい民主主義国家が現れるだろう。

民主主義は一色ではない。各国の文化、歴史を背景にさまざまな色彩をもつものだ。だから、中国の民主主義を日本の民主主義と同列に捉え、ひとたび民主化すれば中国の政治体制も日本と同じになると考えるのは早計と言わざるを得ない。

１億人の国の民主主義と14億人（中国も20年後には微減だが人口減少に入ると見られ、２０４９年の人口も14億人前後で推移していると想定される）の国の民主主義は違う。

では、いかなる民主主義国家になるのかを述べる前に、経済発展の途上で民主主義が必然である理由について触れておきたい。

いかなる体制の国であれ、同じ人間が暮らしている以上は避けられない原則がある。

国を豊かにするには、国による統制経済よりも、国民に自由を与え、産業を起こさせたほうが有効であることは、中国が自らの現代史で証明するところだ。

共産党が、国民の支持を得るためには国をより豊かにすることが条件である。

そのためには経済成長は欠かせない。ひとつのエンジンで多数連結する車両をけん引するよりも、車両ごとに動力を持つほうが列車のスピードは格段に上がる。

経済成長のためには、国民に裁量と行動の自由を与え、中央政府に集中している権利を地方政府に分与することは避けがたい持続的成長の条件といえる。権限の委譲によって、色々の音色のエンジンを地方政府に与えるのである。

これを一言でいえば「中国の民主化」となる。民主化には背後に必ず自由の風が吹いているものだ。中国が近代化を進める上での必要条件なのだ。それが道理であり、原則である。わずかずつでも権利を譲られ、自治によって発展が続けば、やがて国家の主人は、実は共産党ではなく、自分たち自身であることに国民は気づきはじめる。

香港で起きているデモは中国でも起きる

２０１９年３月、香港当局の「逃亡犯条例改正案（香港と中国の間で犯罪者受け渡しを可能にする）」に反対する学生がデモを行った。

香港当局はデモを受けて「逃亡犯条例改正案」の提出を保留、その後、改正案の撤回を発表したが、学生は「五大要求」（逃亡犯条例改正案の完全撤回、行政長官等の普通選挙の実施、警察の暴力に対する独立調査委員会設置、拘束・逮捕されたデモ参加者の釈放、暴動認定の取り消し）を掲げデモを継続しようとしている。

私は、香港で起きたような民主化要求のデモが唯一の音色とは思わない。時と文化、風土により異なるのは当然で、やがて中国国内のあちこちで民主化の動きは起きると考えている。

人はパンを求めているうちはペン（民主主義）には鈍感だ。しかし、十分にパンが手に入るようになれば、必ず権利に目覚め、自由を求めはじめる。ときが来れば香港とは無関係に中国の各主要都市で、香港と同じかどうかは別として民主化と自由の動きが起きるということだ。

14億人の民が、いったん権利に目覚めてしまえば、それを抑え込むことはいかなる権力をもってしても不可能である。

香港で起きていることは、いずれ中国各地で形を変えて起きる。そして、いかなる形に着地するかは見通せないものの、中国にとって民主化は不可避である。

それは習近平もよくわかっているはずだ。

といって、共産党独裁を放棄することはできない。しかし、国民の権利や自由を抑えつけたままでは、経済的に国が立ち行かないことも明らかである。

国民に活力を与え、国力を高め、さらに共産党の前衛力も守るという、難しい手綱さばきを習近平は当面、やり続けなければならないのだ。それが、習近平が密かに目指している中国の民を主人とする各種音色の民主主義の姿であろう。

中国は6つの州の「中華人民合衆国」となる

「パンはペンに勝る」という法則でいえば、中国はいわば自力でパンを手にするところまでできた段階である。やっと自力で立ち上がることができた人に、すぐに走れと言っても、走れるはずはない。走る前に歩くことができるようになることが肝心だ。

性急な民主化は、多くの発展途上国で失敗に終わっていることを見ても、中国の民主化には時間をかけなければいけない。

30年の間には、乗り越えなければならない山が中国にもたくさんある。中国の民主化は、日本のように全国から選出された何千人という国会議員で、立法、行政を行うシステムでは不可能だ。

現在でも全国人民代表大会は中国全土から集まってくるが、事実上の「シャンシャン総会」だから不都合が起きていないだけだ。

お互いの利害が衝突する議会となれば、物理的にとても収拾できるものではない。

「ユナイテッド・ステイツ・オブ・チャイナ＝中華人民合衆国」が、妥当な民主中国の形である。ＵＳＡならぬＵＳＣが民主主義国家中国の落ち着く先だろう。

たとえば6つのステイツ（州）と中央政府で国をまとめ、運営していくのである。

これが私の考える民主主義国家中国の姿だ。

中央党政府は各州の政府に権限のほとんどを委譲し、自治を進め相互の発展を促す。競争の結果生まれる州ごとの格差を補い、不公平が生まれないように調整するのが中央の仕事である。簡単に国の姿を描くとすれば、国防と外交、通信、教育のみを中央政府に権限として残すというのもひとつの行政だろう。

2 中国を知らない人の中国脅威論

南シナ海の軍事基地建設、増える軍事費、「一帯一路」、中国の膨張政策に危機感を覚える日本人は多い。習近平が、全人代で憲法を改正して任期制限を外したかに見えることも、独裁体制の強化と見る向きもある。

2014年の「雨傘運動」や2019年の「逃亡犯条例改正案」をめぐっての香港市民のデモは、支配力を強めようとする中国政府に対し、市民が民主主義を求めて行動を起こしたものと報道されている。

日本人の持っている中国政府に対する印象は、非民主的で覇権主義の国というものかと思う。北朝鮮に次ぐ危険な国という扱いだ。だが、中国自身は一度も覇権主義を唱えたことはない。

1970年代から覇権主義は取らないというのが、表向きの中国の姿勢である。

だが、それを真に受ける国はほぼないだろう。覇権主義は取らないという言辞と実際の行動に、一致が見られないのは中国自身にも大きな問題がある。

しかし、その一方で日本人の中国観が、現実の中国の政治や社会を反映していないことも事実だ。

私は日本人にもう少し隣国中国を同じ人間として理解し合うアジアの友人として、これまで現代中国をテーマにいくつかの本を書いた。

中国は巨大なホールディング・カンパニー

多くの日本人にとって、中国はよくわからない国だ。しかし、見方を変えてみると中国のシステムは、日本でもなじみのある持株会社のシステムに近いと私は考えている。

中国では、国民に投票権はない。投票権を持っているのは共産党員である。国は党員から選ばれた政治局中央委員と常務委員によって動いている。

こうした統治機構の構造は、株主と取締役会、代表取締役社長と似ている。

乱暴なたとえをすれば、共産党という組織は中国のホールディング・カンパニーで、本部行政府の習近平はホールディングスのＣＥＯといえる。株主は共産党員で、株主総会は

図6-1　中国共産党のHD組織イメージ

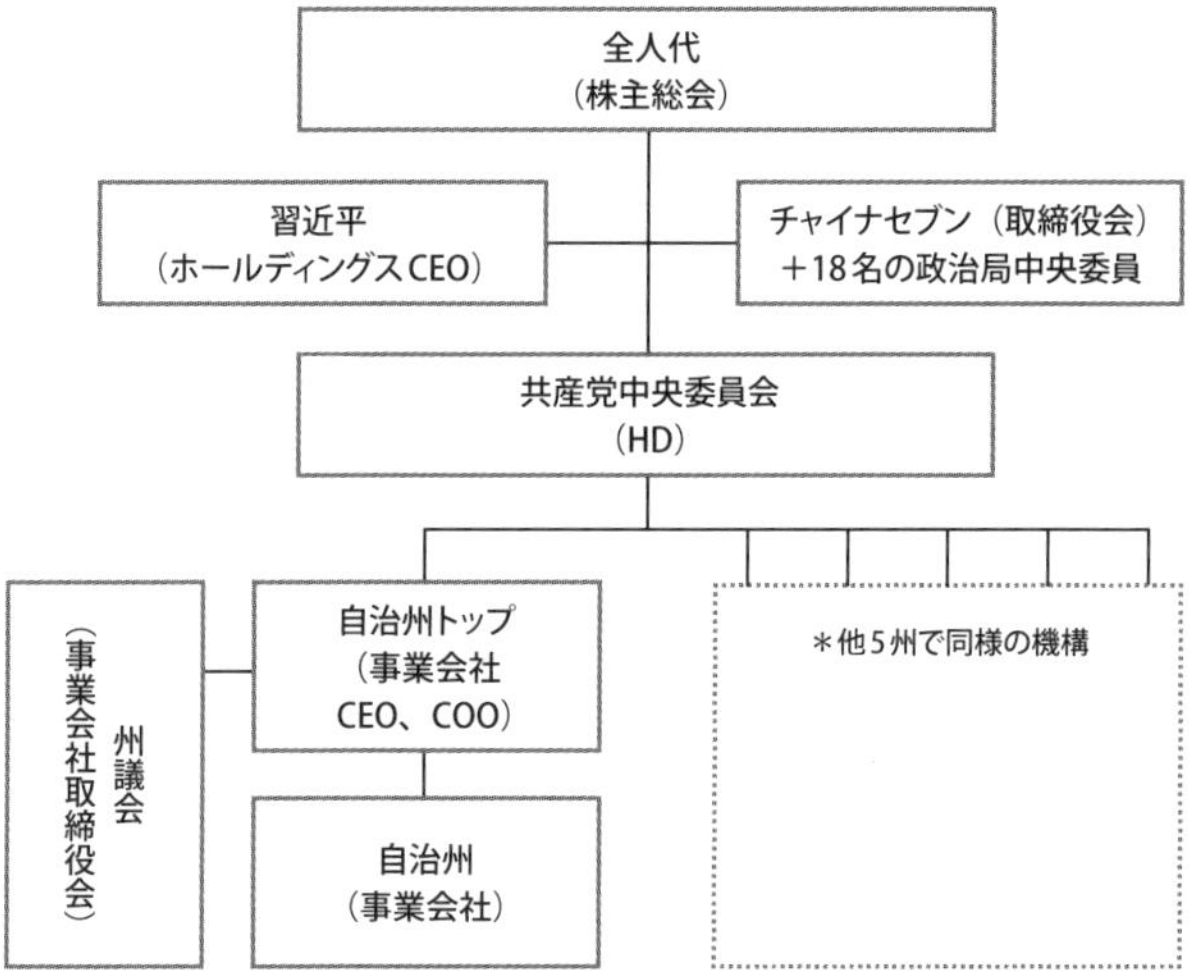

全人代となる。

本社の実質的な取締役会に相当するのが、現在の最高指導部であるチャイナセブン（政治局常務委員）と18名の政治局中央委員ということだ。

その下に、中国各地の省や大都市など自治州のトップが連なる。株式会社でいうところの事業会社のＣＥＯでありＣＯＯである。各自治州が各事業会社だ。

近代的な企業にとってＥＳ（従業員満足度）は、企業力を決定する最も重要な要因のひとつである。マネージメントの原則からいえば、ＣＥＯである習近平が、国民の満足度に注意を払わざるを得ないのは当然のことだ。

越えなければならない人権問題

中国にとって組織のようで組織化されていない、権限も責任もない少数民族問題は、世界的な批判を受けやすい頭の痛い問題だ。

アメリカ人は、常に中国の人権問題をやり玉にあげるし、日本も民主化を求める少数民族の弾圧やチベット問題を中国の悪行だと指弾する。2017年に亡くなったノーベル平和賞受賞者の劉暁波（1955〜2017）氏への迫害には国際的な非難が集まった。

これらの問題は、欧米の民主主義を立脚点とすれば、弁護のしようもなく、改めるべきことが中国にあることは議論の余地もない。

中国が民主主義国となるまでの30年に、民主化は徐々に拡大していくだろう。同時に少数民族の自治権も徐々に拡大するはずだ。

しかし、問題の解決には時間がかかる。パンの時代が終わりペンの時代になるころだ。これらの問題は、先進諸国や隣国の我々にとっても高みの見物は許されない問題である。アメリカとは異なった形で、14億の民の人権のあり方を考えることも、対等のパートナーとしての日本の役割であろう。

3

30年後の中国は日本のパートナーか、敵対国か

私は『習近平の大問題』で、「中国は今後も軍の近代化を進めるだろうが、軍の近代化を進めても、習近平はしばらく対外的に穏便な政策をとる。国民に一定の支持力とグループ力を持つ習近平には、対外強硬策というリスクをとる理由がないからだ」と述べた。

権力基盤の安定していない政権は、国内の支持を固めるために対外的に強硬策をとることがある。２０２０年の大統領選挙を控えた、アメリカのトランプ大統領にその顕著な例を見いだせよう。

中国にとって、最も重要なのは経済成長政策である。それは、これからの30年間も変わりない。経済成長のためにはグローバリゼーションでなければならない。

したがって、「ＣＯＶＩＤ19」が落ち着けば中国が自らグローバリゼーションを妨げる、国際的な緊張状態をつくることは考えづらい。長い目で見て習近平が外交上穏健策をとる

のは当然の行動と言えよう。

グローバリゼーションが国是であるのは、日本も同様である。これもまた、今後30年変わらない。

では、30年後の日本のパートナーはどこの国か、というのが多くの人が関心を寄せる話題である。だが問題の核心は、日本の主要な経済パートナーがどこの国かよりも、30年後の日本に、どこの国とも良好なパートナーとなれるだけの経済力と国力があるかである。

輸出先も輸入先も中国がトップ

日本の中国からの輸入は長年にわたって第１位。輸出先でも２０１８年に中国はアメリカを抜き第１位となった。２０１９年は第２位になったが、第５位の香港と合わせれば、中国への輸出が全体の約４分の１を占めることになる。

こうした事実と中国との貿易の伸び率を見れば、これから30年の日本の貿易相手として有力なのは、やはり中国と見るしかない。

ところが実態とは裏腹に、日本の貿易相手国は圧倒的にアメリカというのが、多くの日本人が持っているイメージではないだろうか。こうした先入観が、どこの国とも良好なパ

表6-1　日本の貿易相手国トップ5

輸出　(%)

	2017年	シェア	2018年	シェア	2019年	シェア
1	アメリカ	19.3	中国	19.5	アメリカ	19.8
2	中国	19	アメリカ	19	中国	19.1
3	韓国	7.6	韓国	7.1	韓国	6.6
4	台湾	5.8	台湾	5.7	台湾	6.1
5	香港	5.1	香港	4.7	香港	4.8

輸入　(%)

	2017年	シェア	2018年	シェア	2019年	シェア
1	中国	24.5	中国	23.2	中国	23.5
2	アメリカ	10.7	アメリカ	10.9	アメリカ	11
3	オーストラリア	5.8	オーストラリア	6.1	オーストラリア	6.3
4	韓国	4.2	サウジアラビア	4.5	韓国	4.1
5	サウジアラビア	4.1	韓国	4.3	サウジアラビア	3.8

（出所）JETRO資料および財務省「貿易統計」

ートナーとして経済関係を築くというグローバリゼーションの妨げとならないようにすることが肝要だ。

日本は、経済でも安全保障でも、アメリカなしにはやっていけない。だから何をおいても、まずアメリカ第一で考えなければいけないという、長年にわたる暗黙の前提が日本人に染み付いているように思える。アメリカが日本を従属させているのではなく、むしろ日本がアメリカから離れることを恐れているようだ。

しかし、経済的な関係だけを見れば、日本はすでにアメリカと中国の両輪なしではやっていけないというほうがより事実に即している。

表6-2　世界の主要国・地域のGDP成長率

	2017年	2018年	2019年	2020年
世界	3.8	3.6	3.3	3.6
先進国	2.4	2.2	1.8	1.7
アメリカ	2.2	2.9	2.3	1.9
ユーロ圏	2.4	1.8	1.3	1.5
ドイツ	2.5	1.5	0.8	1.4
フランス	2.2	1.5	1.3	1.4
イタリア	1.6	0.9	0.1	0.9
スペイン	3.0	2.5	2.1	1.9
日本	1.9	0.8	1.0	0.5
イギリス	1.8	1.4	1.2	1.4
カナダ	3.0	1.8	1.5	1.9
新興・途上国	4.8	4.5	4.4	4.8
ロシア	1.6	2.3	1.6	1.7
中国	6.8	6.6	6.3	6.1
インド	7.2	7.1	7.3	7.5
ASEAN5	5.4	5.2	5.1	5.2
ブラジル	1.1	1.1	2.1	2.5
メキシコ	2.1	2.0	1.6	1.9
アルゼンチン	2.7	−2.5	−1.2	2.2
トルコ	7.4	2.6	−2.5	2.5
サウジアラビア	−0.7	2.2	1.8	2.1
ナイジェリア	0.8	1.9	2.1	2.5
南アフリカ	1.4	0.8	1.2	1.5

（注）年変化率。2019年、2020年は予測値。
（出所）経済産業省「通商白書2019」

ＡＳＥＡＮという成長株

現在、世界で最も大きな経済圏はＥＵである。しかしＥＵの成長率は低い。経済成長率では、何といってもＡＳＥＡＮ（東南アジア諸国連合）だ。

成長率は、インドも高い水準でＡＳＥＡＮと競っているものの、将来、世界経済のエンジンとなる期待はＡＳＥＡＮのほうが大きく、成長株と考えるのが合理的だろう。

２ケタ成長をしていた時期に比べれば落ち着いたとはいえ、ＧＤＰ世界第２位の中国も年率６％程度の成長を続けている。

６％というのは、日本ではバブル期のピーク時の数字である。乱暴な言い方をすれば、今日でも中国は、日本のバブル期レベルで成長を続けているということになる。

世界の成長エンジンはアジアにある。幸いにも我々日本人も同じアジア人だ。我々は、もっと地の利を生かした外交関係と経済関係を築くべきだろう。

4 中国が嫌いでも引っ越しはできない

アメリカのトランプ大統領が仕掛けた中国との報復関税合戦、ファーウェイの排除騒動などを見ていると、アメリカと中国の関係は最悪なように見える。

だが、現実の両国の経済関係を見ると、双方の関係の深さがうかがわれる。中国にとって、国として最大の輸出先はずっとアメリカだ。そのためにトランプ大統領が、不公平な取引として中国からの輸入品に高関税をかけた。

貿易赤字のツケを輸出国に回そうとするのは、アメリカの伝統的な態度であり、かつて日本が何度も味わったことでもある。

中国は輸出で得たドルをアメリカ国債に換え、アメリカ政府の財政を支援する形になっているが、それもかつての日本と同じである。

グローバリゼーションとは、どちらかの国がどちらかの国を叩いて優位に立つという類

図6-2　日米中の貿易構造（2017年）

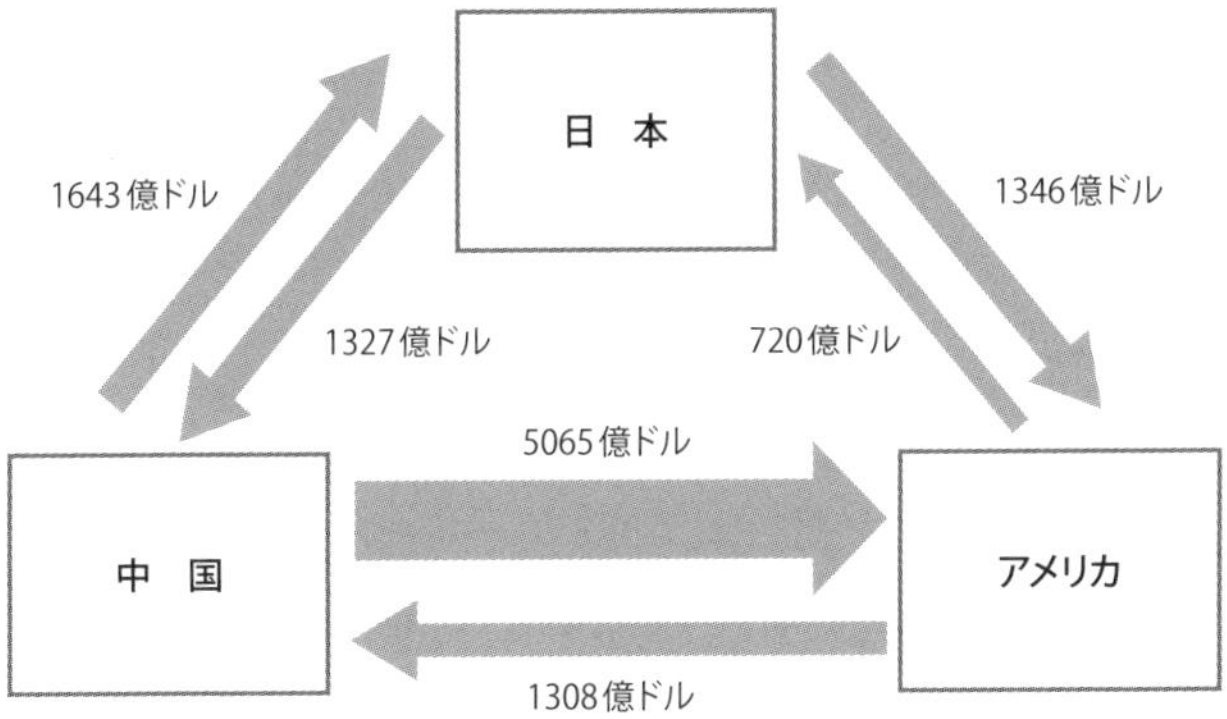

（出所）外務省「米中経済関係」

いのものではない。双方が利益を得る売り買いよしの関係、日本古来の思想でいえば近江商人の「三方よし」もグローバリゼーションである。

私はアメリカ、中国とも、経済面では紆余曲折はあれども、今後の30年の間にはグローバリゼーションの基本原則に戻り、双方の経済発展を優先することになると考えている。それがビジネスであり、そうでなければビジネスは成り立たない。

現実の経済関係では、アメリカと中国の関係は遠くて近い。

双方の距離感は、米ソ冷戦時代のアメリカとソ連の距離とは、まったく比べ物にならない別のものだ。安全保障では、必ずしも経済関係の遠さが決め手とはならないが、両国の交流はビジネスでは深い。

中国人学生の留学先も、第1位がアメリカである。

冷静な目で世界を見るときだ

アメリカが、日本にとって重要なパートナーであることは疑いない。

私は若い頃にはニューヨークで仕事をしていたし、アメリカとのビジネスは長い。日本の戦後史の中で、アメリカの果たした役割が大きいことは議論の余地のないことだ。

アメリカを捨てて、中国やASEANを選べというつもりはないし、また一方だけを選択するのはグローバリゼーションに反する。

しかし、世界の地図は変わってきている。何から何までアメリカ一辺倒という世界情勢ではないことは言うまでもない。

戦後史から見れば、昭和がアメリカの影響下にあったのは、敗戦という結果からやむを得ないことだろう。平成が昭和の延長策を選び、アメリカ優先を継承したのも、歴史と現実を考えれば当然である。

当時1歳の日本はいまや70歳以上だ。しかも新しい時代だ。我々日中米は、これまでの延長線では解決できない課題を国内にも、国外にも山ほど抱えている。

日中はお互いに引っ越しができない関係だ。私は習近平と十数回ほど会っているが、彼が常に言っていたのが「日中はお互いが引っ越しはできない」である。

日本には、アメリカとさえうまくやっていればそれでいい、中国は嫌いだ、中国なしでもやっていけると主張する人たちがいる。だが、それでも日本は、アジアの端からフロリダ沖に引っ越すことはできないのだ。

世界の成長エンジンとして世界経済をけん引する国の近くにいるにもかかわらず、そこから離れてわざわざ距離を置く必要がどこにあろうか。

経済を見れば世界一の大市場のお客が目の前にいて、何も売らない商人では、商人失格である。

これからの30年、日本社会にとって好材料はほとんどない。問題だらけである。その中で、日本にとり経済的にわずかにチャンスがあるとすれば中国とＡＳＥＡＮの巨大な市場だろう。せっかくのチャンスを狭量で、偏った価値観のためにむざむざふいにすることはない。

中国が嫌いな人でも、中国は「有望な得意先」であると、せめてアメリカの半分でも歩み寄ることを試みるべきだ。

5

平和でなければ、中国の投資資金は水泡に帰す

「一帯一路」構想とは、中国から中央アジアを経由してヨーロッパに至る地域（シルクロード経済ベルト）のインフラ整備・経済開発・貿易促進と、東南アジアからアラビア半島、アフリカ東海岸までの国々（21世紀海上シルクロード）のインフラ整備・経済開発・貿易促進を図るもの、というのが中国の説明である。２０１３年に習近平が提唱した。

その資金的な裏付けのために、やはり習近平の提唱で２０１５年に創設されたＡＩＩＢ（アジアインフラ投資銀行）がある。

２０４９年までに製造強国を目指す

一帯一路は経済開発が目的という中国に対して、日本では中国の覇権拡大の企てと見る

図6-3　一帯一路構想のルート概念図

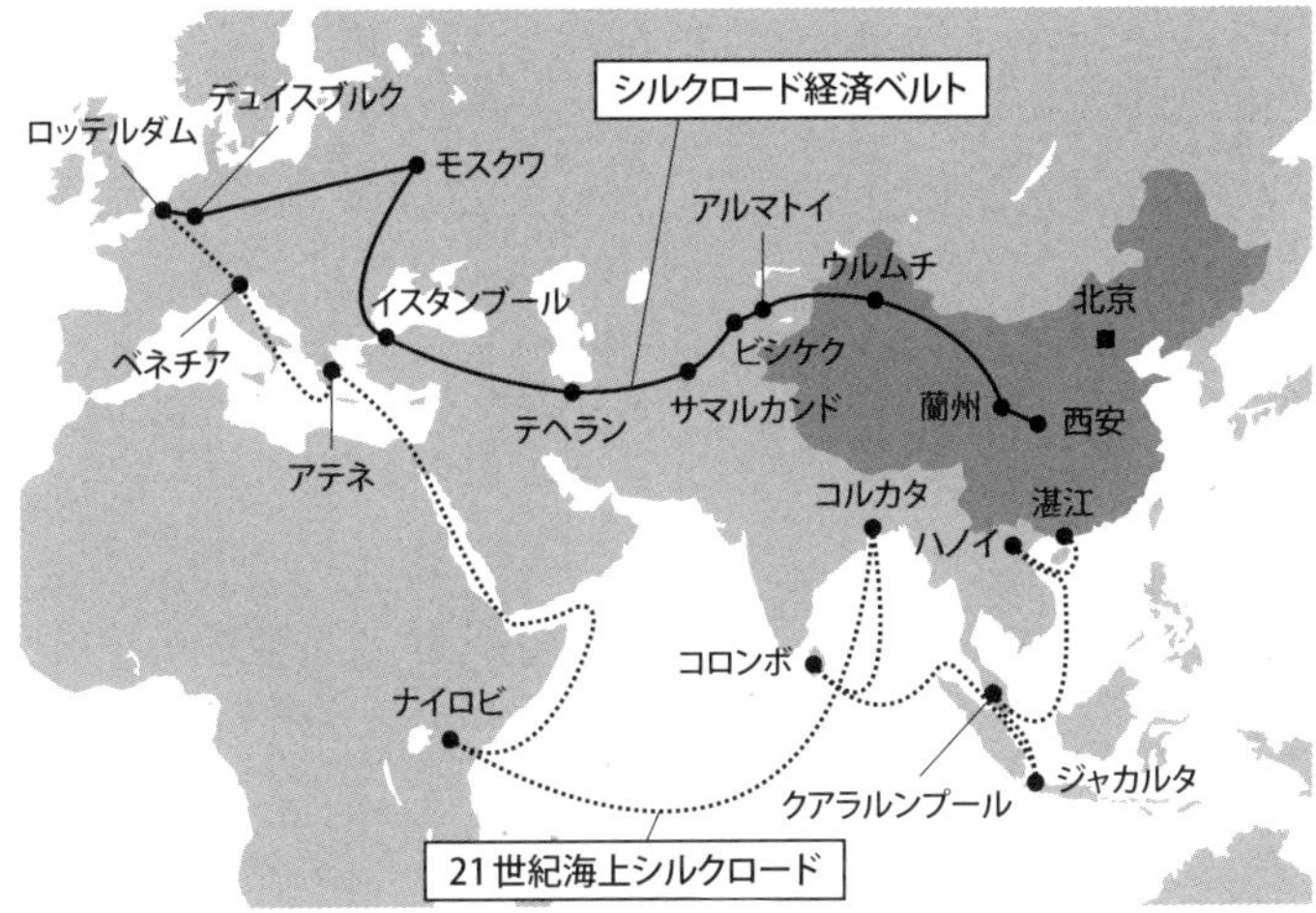

（出所）各種報道資料より作成

人が多い。

一帯一路が通商ルートと地域の経済開発を目的とする構想なら、中国を技術先進国に押し上げるための構想が「中国製造２０２５」である。

中国は情報通信の分野などでは、一部は日本よりも進んでいるものの、経済の基幹となる製造分野では、依然として低い生産性が多く、技術面、品質面、経営面で先進国に追いついていない。特に国有企業でその傾向は大きい。

すでに衣料品分野などでは、アジアの新興国に生産拠点が移りはじめている。かつてのように、安い人件費を武器に低品質の品物を大量につくり、世界へ輸出するという構造はもう中国では難しくなっている。

優れた品質のものを、高い生産性でつくらなければ、中国はアメリカ以上の輸入大国となってしまい、健全な経済発展が見込めなくなってしまう。

その危機感から2015年に発表されたのが「中国製造2025」である。

製造2025の名称は、2025年までに「製造強国」の仲間入りを果たすというところから来ている。

ステップ1が、2025年までに製造強国の一角に加わる。ステップ2は、2035年までにその中位に位置する。ステップ3が、建国100年の2049年までに製造強国のトップグループに昇りつめる。これが「中国製造2025」で示された目標である。

重点プロジェクトより重大な経営イノベーション

「中国製造2025」は、10の重点分野と23品目を挙げ、5大重点プロジェクト（国家製造業イノベーションセンター設立プロジェクト、スマート製造プロジェクト、工業基礎強化プロジェクト、グリーン製造プロジェクト、ハイエンド設備イノベーションプロジェクト）によって推し進められる。

政府が巨額の資金を投入していることからも、中国にとってこの政策の重要さがうかがい知れる。

製造技術、環境技術、ＡＩ技術のイノベーションと充実をうたっているが、私は「中国製造２０２５」に最も必要なのは、「経営イノベーション」と考えている。経営者が先進国並みのマネージメントができなければ、中国は「巨大な技術二流国」で終わりかねない。

一帯一路にしても、中国製造２０２５にしても、そのベースにあるのはグローバリゼーションだ。グローバリゼーションの背景は平和である。まず平和でなければ、一帯一路や中国製造２０２５に注ぎ込んだ中国の資金は水泡に帰すこととなる。

中国が自らの覇権拡大のために、地域に紛争の種を播《ま》くことは常識として考えづらい。

6
ファーウェイを叩く前に ファーウェイに学べ

アメリカと中国が、次世代技術の覇権をめぐって対立している。アメリカは制裁と言っているが、トランプ大統領が打ち出したファーウェイ排除や同社の孟晩舟（１９７２生）ＣＦＯ・副会長のカナダでの逮捕・裁判の動きは覇権争いの一環だったように見える。

１９９０年代後半にインターネットが登場して以来、通信技術は産業ばかりでなく、安全保障にも大きな影響力を持つ。いま世界が注目している通信技術は５Ｇだ。

５Ｇとは5th Generationの略で「第5世代移動通信システム」とも呼ばれる。４Ｇに比べて７倍のデータ量を通信できるし、１００倍のスピードで処理するという。

５Ｇによって性能が飛躍的に向上するのがスマホ、家電、それに自動運転のレベルも格段に上がる。自動運転を管理する位置情報は、誤差数センチ以内となり、ドローンが宅配の主力となることも夢ではない。遠隔医療も診断が可能となり、手術ロボットの技術が進めば、遠隔手術さえ実現するといわれている。
農業、交通管制、セキュリティでも遠隔操作のレベルが数段上がる。

５Ｇ先進国中国を認められない人々

社会のあらゆる分野で活用が期待される５Ｇだが、現在のところ中国が世界をリードしている。アメリカにとって次代の基幹技術である５Ｇで、中国の後塵を拝することは技術覇権が後退することに他ならない。

この分野では、中国はアメリカを脅かすライバルなのだ。

トランプ大統領が、ファーウェイを目の敵のようにしている理由が、アメリカが５Ｇで中国を巻き返したいことにあるのは明白である。

アメリカは日本にもファーウェイ排除で歩調を合わせることを求め、日本も表面的には同調すると宣言している。アメリカはヨーロッパ諸国にも同様の要求を出しているが、ヨーロッパは各国で対応に温度差がある。アメリカが中国のリードを認められないのは、アメリカの立場になってみればよくわかることだ。

一方、日本にも中国を５Ｇ先進国と認めたくない風潮がある。

日本では世間話をしていても、ファーウェイのスマホや通信機器には、バックドアや盗聴装置が付いているらしいという根拠不明の話題になる。

反中派といわれる人の中には、中国にはものづくりの技術がないから、情報通信機器の技術は盗んだり、技術者を買収して得たものだと、ピントの外れた議論さえある。

中国はすでにネット通販大国、電子マネー大国である。アリババグループのようなネットサービスのユニコーン企業が、シリコンバレー同様、成功率は少ないものの、いくつも誕生している。産業や技術は広い裾野があってトップ企業がピークを形成する。ファーウェイは中国の巨大な情報通信インフラを背景とした企業である。裾野広ければ山高し。富士山を想定してみると納得がいく。ファーウェイはあるべくしてあるのだ。

ファーウェイの本当の強み

令和日本を考えるとき、重要なのはファーウェイの特許の数でもなく、留学生や研究者を通じて技術を盗むなどという問題でもない。注目すべきは、ファーウェイが多額の資金を投じて有能な技術者をたくさん確保・育成しているということだ。その金額は他を凌ぐ。

ファーウェイの人材投資は、アメリカの制裁を受け収益が落ちても、なお衰えを見せない。これこそファーウェイの強みである。

中国の主要都市では、いま技術者の獲得競争が激化している。報道によれば、技術者はＡ人材からＥ人材にランクされ、世界的にも有名で実績のある人はＡ人材、最下位のＥ人材は大卒、あるいは修士号を持っているというだけの人である。

Ａ人材は、もし来てくれるなら高級マンションを差し上げますと、都市が破格の条件付きの三顧《さんこ》の礼で招聘《しょうへい》する。Ｂ人材には研究開発資金を提供する。Ｅ人材の人でも、研究費や生活費の補助を条件に獲得しようとしている。

そうやって海外の人材や留学生を呼び戻そうとしているのだが、優秀な人材は国内の都市でも取り合いとなっている。ファーウェイの人材育成に対する巨額の投資も、こうした中国国内の企業や都市との競合から生まれたものかもしれない。

少子高齢化で、日本の人材の裾野は小さくなる一方だ。それに伴って、技術の山の頂上も低くなってくる。このままでは、日本は衰退の道を進まざるを得ない。

彼らは若い技術者の養成、リベラルアーツ（教養）を含む総合的な人材育成に金を使う。日本がファーウェイから学ぶべき点である。

ファーウェイを排除することよりも、ファーウェイを凌ぐ道を、単独では難しいとしても、日本の生き方を真剣に考えることのほうがずっと大事である。

7
グローバリゼーションがあってはじめて、日本人の平和と生活は守られる

グローバリゼーションなき日本とは、鎖国（１６３９〜１８５４）していた江戸時代（１６０３〜１８６７）と同じで、それでは日本人は生きていけない。現代は、経済も文化も、あらゆるものが程度の差はあれ、世界のどこかの国とつながっている。

これからの30年間も、２０２０年初頭に発生した新型コロナウイルスの世界的な感染拡大のような事件は過去を振り返れば、今後も第2、第3と起きるだろう。

サプライチェーンを遡っていくと、ほとんどの人が知らない国の生産物が、原材料であることも珍しくない。

世界はつながっている。温暖化問題のみならず、世界は一国の都合だけで考えられる時代ではないのだ。したがって、四海に囲まれた日本としては、世界のどの国とも仲よくすることが国是である。

どの国とも、自由に技術提携と商品の貿易ができるような体制を保つことが必要である以上、どの国とも、平和に付き合っていかなければならない。アメリカ一国だけに頼り過ぎるリスクを心すべきだ。これが根本である。

これからの30年も、日本の立ち位置は平和と貿易、これらをなくして日本の維持・発展はあり得ない。

相手がたとえ北朝鮮であっても、いずれは、やはり仲よくやっていくということが、日本の地政学的にも、絶対に離れられない国是だ。

アメリカ・ファーストは昔から

グローバリゼーションは、アメリカのトランプ大統領の自国第一主義やイギリスのブレグジット（EU離脱）宣言などで、後退を余儀なくされている観がある。ブレグジットは決定したが、まだ始まりの始まりであり、どのような形で収まるのか、まだ経済界は安心できないだろう。

それに加えて、トランプ大統領の保護主義的政策は依然として収まる気配はない。

米中貿易戦争は〝戦争〟という穏やかならざる表現で報道されているが、現場では報道よりは冷静に、大統領選挙の只中に入ったこの1年間は、お互いの落としどころを探りながら進めていくように見える。

それでもトランプ大統領の言うディールが、非常に危険なゲームなのは間違いない。

中国とアメリカは、日本にとっては貿易相手国の第1位と第2位だが、２０１９年にＩＭＦ（国際通貨基金）は、このままアメリカと中国の貿易戦争が深刻化すれば、２０２０年の世界のＧＤＰは０・５％、金額にして４５５０億ドル落ち込むという試算を出した。

世界経済にとって超大国の対立は危険極まりない。コロナ問題が落ち着いても、この水準を上回るには少し時間がかかるだろう。ゆえに貿易に楽観は禁物だ。

しかし、その原因が自国第一主義にあるとすれば、この種の問題は形を変えて続くはずだ。我々には、トランプ大統領の対外政策が極めて身勝手なものに映る。

考えてみれば世界のリーダー・覇権国のリーダーとしての地位を放棄したアメリカの大統領がアメリカ・ファーストであることは当たり前だ。それを直截的な言葉にして表現するか否かは別として、アメリカ大統領がチャイナ・ファーストと言うことはないし、日本の首相がアメリカ・ファーストと言うこともない。

それぞれ自国が第一なのだ。こんなことは、普通の国ではごく当たり前のことである。

アメリカ・ファーストは、トランプ大統領の保護主義的側面の表れという批判もあるが、どの国も自分の国益が第一であることは疑いのないことだ。

氷上のシルクロードの地政学

世界は、トランプ大統領やイギリスのEU離脱にかかわらず、グローバリゼーションに向かっている。

アメリカ・ファーストやブレグジットをもって、反グローバリゼーションと片づけるのは、やはり過剰反応なのではないか。

今後の30年を考えれば、グローバリゼーションは世界の理性、各国の国是というべきものだ。とりわけ技術革新や地球環境を考えれば避けられない世界の動きである。

グローバリゼーションに抗い、喧嘩をやってよいことなどどこの国にもない。

グローバリゼーションが進むとき、日本にとっても重要な位置にあるのがロシアだ。地球上で未開発の資源は北極海にある。北極海で優位性を持っているのはロシアである。

通商ルートとしても、北極海の持つ意味は温暖化と共に大きくなる。

そういう意味でトランプ大統領が、ロシアと近い関係を保ち続けようとしているのは、当たり前だし正しい判断だ。

中国は「一帯一路」政策によって、陸海でアジア・中東を通過してヨーロッパ、アフリカまでをつなぐ道をつくろうとしているが、太平洋経由でヨーロッパまで行くには40日ほどかかる。北極海を行けば大幅に日数を短縮できるはずだ。

中国の習近平も、恐らくロシアとは面と向かっては争えない。

事実、中国はすでにロシアの協力を得て「氷上のシルクロード」北極海航路の開発をはじめている。

14億人に近い人口をどのようにして安定した生活に持っていくか、中国にとっては、日本以上に平和と自由貿易が国是になるはずだ。

いずれ彼らもそれに気がつく。

日本にとっても、北極海航路の経済的な利益は大変なものになるはずだ。

北極海航路は温暖化の結果だが、このルートを利用すれば日本とヨーロッパの間も、10日程度の行程が短縮できると見られている。

ＥＵをひとつの経済体と見れば、ＧＤＰはＥＵが世界一である。北極海航路でつながるロシア、中国を加えれば世界のＧＤＰのほぼ44％を占める。中国とロシアを含めたこの地域の安定は日本、および世界にとって地政学だけでなく、経済的にも極めて重要だ。

8 世界は米中という二極で動く

これからの30年、日本は世界の国々と戦いを交えず、何度も言うように平和と自由（貿易）を国是とするべきだ。では、日本は国際社会の中でどこに立脚点を定めるのがよいのか。

日本はこれまで、アメリカという超大国を第一のパートナーとしてやって来た。

経済関係では、すでに中国との関係のほうが大きくなりつつあるが、依然としてアメリカが第一のパートナーであることは動かない。

しかし、これからの世界はアメリカという一極に、中国というもうひとつの極が加わる。

果たして日本は、アメリカ一極のままで、アメリカにだけ付き従っていてよいのか。

アメリカ、中国と日本の関係を考えるとき、古代中国の合従連衡《がっしょうれんこう》が思い起こされる。

合従連衡とは、政治家がそのときどきの力関係で、一緒になったり離れたりするときによく使われる言葉だが、元々は古代中国に割拠していた国々が、中国史上、最初の中央集権国家、秦（ＢＣ２２１〜ＢＣ２０６）に対抗するための政策だった。

合従とは唯一の強国である秦に対して、諸国が力を合わせて対抗するという政策である。集団安全保障で、ひとつの強国との間に戦力的なバランスをとることがねらいだ。

一方、連衡とは強国である秦と同盟を結ぶことで、自国の安全保障を担保するとともに周囲の国々に対し優勢となる政策である。合従連衡とは、小国の生き残り策だったのだ。

日本の戦後の政策は、アメリカという強国との間で連衡策を貫いてきた。

ソ連が強国としてひとつの極を形成していた冷戦時代を経て、いま軍事的にはアメリカは世界で断トツの超大国である。大統領が何と言おうとアメリカは、これからも世界第１位の軍事大国であり続けるだろう。しかしそのアメリカは、世界の警察官の立場から降りようとしている。いや、降りている。

異なるサイズの両輪で走る世界

アメリカは第２次大戦以降、世界で最も多くの戦争をしている国である。世界の警察官をやめることで、今後アメリカは紛争に介入することが少なくなるだろうか。

グローバリゼーションが進む一方、米中が第2の冷戦に入りつつある世界で、日本は平和と自由（貿易）を国是とし、東西分断を協調へと進める先頭に立たねばならない。これからの30年を考えたとき、我々は小国で合従して強国に立ち向かうという策も、強国に付き従うという連衡策も採るべきではなく、合従連衡を超えた国際関係を築くべきだ。

アメリカとの関係をより進化させるというのであれば、日本が世界に示せる自立した価値観をもって臨む必要がある。そのアメリカとの関係が、中国、ロシアをはじめとする諸外国に対する日本の外交姿勢となるはずだ。

とはいえ、これからの世界がアメリカと中国という両輪で動いていくことは疑いない。両輪といっても、アメリカと中国は同じ大きさではないことに注意すべきだ。

近い将来ＧＤＰで中国がアメリカを上回ったとしても、一人当たりＧＤＰや持っている資源、軍事費および軍事力では、中国は到底アメリカに及ばない。

そういうバランスの悪さを抱えながら、これから世界は走っていかなければならないのだ。ハンドルを調整しなければ、世界は偏った方向へばかり進んでしまう。

我々は日本の国益のためにも、注意深く両輪のバランスを補う役目を果たす必要がある。一国に付き従う連衡策では、もうやっていけない時代になったのだ。

そのために、まず果たさなければいけないのが、日本自体の自立である。

9

戦争を起こしてはならない、それが日本の国是だ！

いつの時代でも急拡大する国は、周辺諸国にとって脅威に映る。

日本が急成長していた１９６０年から70年代には、年々増加する日本の防衛費をアジア諸国は、一様に戦前の日本を彷彿《ほうふつ》させると脅威を覚え懸念を表明していた。日本の経済進出の結果、タイでは日本製品の不買運動が起きたこともある。アメリカにおいてでさえ、日本製品の排斥運動が起きた。

周辺国に脅威を感じさせる中国は、たしかに行儀がよくない。

それでも、日本は一方的に中国を非難するばかりでなく、自分たちの過去の経験から中国に対外的な振る舞い方を助言すべきではないか。

一国の脅威とは「攻撃能力×攻撃の意思」で表すことができる。

攻撃能力はあっても、攻撃の意思がなければ脅威とはならない。そのもっとも顕著な例は、他ならぬアメリカである。言うまでもなくアメリカ軍は、世界でも抜きんでた攻撃能力を有する。しかし、日本に対する攻撃の意思があるとは思えない。

日本人でアメリカに脅威を感じている人は、ほとんどいないはずだ。攻撃の意思は当事国の交流、対話、歩み寄りで引き下げることができる。中国についても、諸外国に対する軍事面での脅威レベルを下げるのは日本の役割となるかもしれない。

米中に潜む戦争の危機

これからの30年、世界はアメリカと中国の両輪で動く。

とはいえ、先述の通りしばらくの間は、車輪のサイズはアメリカが圧倒的に大きい。それでも30年を経れば、やがて中国はアメリカと並び立つ大きさになるだろう。

中国の力がアメリカと並び、アメリカを追い越しそうになったときが、戦争危機は頂点となるはずだ。

「トゥキディデスの罠」のように、覇権国アメリカと新興国の中国が衝突するのは、両論の大きさに差がなくなるタイミングで、両国の緊張感は否応なく高まるであろう。

大国同士の戦争となれば、両者とも大量の大陸間弾道ミサイル（ICBM：Intercontinental

Ballistic Missile）を持っている国だ。共倒れが必至であると共に、周辺国にも矛先が向かう恐れは十分にある。

お互いに共倒れとわかっている戦争には踏み切れないはずだ。

サイバー戦の力も30年後（６Ｇであり、量子適用の時代）には互角である可能性が高い。これも両国のインフラに同時被害が出るはずだ。共倒れは間違いない。

冷静に考えれば戦争は、お互い、もはやできないという事実を背景に、極度の緊張に耐えながら、両国はにらみ合うこととなる。米中両国の我慢比べだ。

米中の争いは、文化の衝突という評価がある。

ファーウェイ創業者の任正非ＣＥＯは、トランプ大統領の制裁に対して「２年間で売上は予測より３００億ドル減る」ことを認め、それでも耐え抜いて最後には山頂に立つと宣言した。中国人は日本人同様に、逆境に遭遇したときにはアジア的忍耐力を発揮する。

一方アメリカは、歴史的に暴力によって相手をせん滅しようとしてきた。

我慢比べでは中国に分があるように見えるが、歴史上、劣勢に立ったことのないアメリカが、それに耐えられず戦端を開くという最悪のシナリオも考えられる。

両者に強い戦闘意欲はなくても、戦争に至ることがあるというのが「トゥキディデスの罠」の示すところだ。

表6-3　軍事支出上位10カ国（2018年）

	支出（10億ドル）	国のGDPに対する割合（%）	世界全体の支出に対する割合（%）
アメリカ	6,488	3.2%	35.7%
中国	2,500	1.9%	13.8%
サウジアラビア	676	8.8%	3.7%
インド	665	2.4%	3.7%
フランス	638	2.3%	3.5%
ロシア	614	3.9%	3.4%
イギリス	500	1.8%	2.9%
ドイツ	495	1.2%	2.8%
日本	466	0.9%	2.6%
韓国	431	2.6%	2.4%

（出所）ストックホルム国際平和研究所

アメリカはソ連崩壊以後、軍事力では他を寄せつけない圧倒的な超軍事大国である。中国の軍事予算が毎年伸び続けているといっても、まだまだアメリカには追いつけない。

アメリカは、依然として他国に大きく水をあける世界第1位の超軍事大国である。軍事費では、世界全体の合計額のうちアメリカが約36%を占めるのに対し、中国はその約3分の1で約14%、日本は2・6%だ。戦力比較では、中国は到底アメリカの敵ではない。

だが、アメリカと中国は、オバマ大統領時代に「新型大国関係」で合意している。

習近平は2015年の訪米時に、バラ

ク・フセイン・オバマ（１９６１生）大統領（当時）へ「衝突・対抗の回避」「核心的利益と主要な懸案の相互尊重」「ウィン・ウィンの協力」「アジア太平洋における協力やグローバルな課題に対する共同行動」の4項目を提案した。

オバマ大統領のやったことは、すべて否定するトランプ大統領も、この「新型大国関係」には珍しく異を唱えず、アメリカは中国との新型大国関係を継続している。

危うい綱渡りを続けるように見えるトランプ大統領だが、命綱は手放していないのだ。

中国の崩壊は日本の危機

ひと頃に比べれば終息しつつあるが、中国の土を踏んだこともなく、中国と聞いただけで嫌いと言う日本人はまだまだ多い。

あんな国はなくなればいいと平然と言う人もいる。

しかし、ＧＤＰ世界第2位、日本の貿易相手第1位の国がつぶれれば、当然その影響は隣国日本には甚大だ。

ビジネスでは巨大企業が倒れれば、取引先の連鎖倒産が起こる。もし中国が崩壊すれば、日本が倒産しかねないくらい多方面からの影響がある。

ざまあみろ、せいせいしたと喜んでなどいられない。

もちろん中国が55の少数民族や数多くの内部に問題を抱えていることは事実なので、何かのきっかけで内部反乱や分裂抗争による新中国再建などが起きる可能性も全くないとは言えない。

また、沿岸部と内陸部の経済発展の不均衡、都市部と農村部の経済格差、少数民族の独立運動などは、いまでも中国指導部の頭を悩ませているはずだ。

だからといって、当面中国に分裂の気配は見えない。

これから30年の間に中国は、ソ連のように崩壊するだろうか。

私はその可能性は低いと考えている。中国の歴史は統一王朝の歴史である。分裂していた時代は、その間の混乱時代であり、中国はひとつというのが中国人の歴史観だ。

中国人にとって太陽がひとつであるように、国と統治者はどの時代もひとりである。

中国が、漢民族統一国家という目標を捨てることはない。

それは政治体制が民主主義になったとしても、変わらない中国人の底流に流れる潜在意識である。若い人たちは中国を見誤ってはいけない。

おわりに　令和の若者に告ぐ！

戦争を知っている世代が減っている。

「戦争を知っている人間が、政治の中枢にいるうちは心配ない。平和について議論する必要もないくらいだ。だが、戦争を知らない世代が、政治の中枢となったときは危ない」と田中角栄元首相が危惧していた時代がやって来た。

令和日本のネガティブリストの筆頭に、「戦争をしてはいけない、近づいてもいけない」を挙げたが、意に反して日本はどんどん戦争に近づいているように見える。

歴史は繰り返すというが、繰り返しているのは人間である。

歴史のせいにすることは無責任だ。歴史とは、そのときどきに人間が意図して起こした行動の積み重ねである。

その責任は意思決定した人間、行動した人間が負わなければならない。

私がお会いした戦争体験者（大部分が90歳以上）で、戦争を肯定する人はひとりもいなかった。

「戦争だけはやってはいけない」――、全員が口をそろえてこう言った。みんな田中角栄元首相と同じ気持ちだったのである。

令和という時代に生きる若者たちに、まずこれだけは言っておきたい。

けっして戦争に近づいてはいけない。どんなに時間がかかろうとも、我慢を強いられようとも、戦争を国際問題解決の手段としてはならないのだ。

戦争の怖さや悲惨さ、理不尽さを体験として語ってくれる人は、もうすぐ完全にいなくなる。戦争は記憶から消えて、記録の中にしか残らない。記録の中から戦争の真実を拾い上げ、戦争に近づく政策や言動を遠ざけなければならなくなるのだ。

そういう意味でも、世界のどの国であれ、記録という真実の姿を墨で塗りつぶしたり、焼却したりするのは「国賊」「非国民」以外あり得ない。政治家、役人の罪の重さは「万死に値する」ものだ。

頭脳に投資せよ！

同一民族のもつ相互依存と対立回避、すべての物事に対する曖昧模糊とした対応、人間としての「いい加減さ」、危機感、厳しさのなさは日本の将来への大きなリスクである。

日本は量から質へ転換しなければならない。

生産性をとってみても、量の時代は、設備投資をすれば生産性を上げることができたが、もはやそういう時代は昭和で終わった。

質で勝負するには、設備ではなく人間の頭脳に投資して生産性を上げるしかない。

最先端技術は開発から実用化までに、長い時間を要することがある。先端技術は、実用化されてはじめて技術と認められる。実用化されない技術は、どんなに斬新であっても技術とは認められないのだ。

技術は、世界的なオープンテクノロジーの流れによって、ブラックボックスが減りつつある。そこで重要になるのが実用化、すなわち商品化する力だ。技術と技術を組み合わせて、人と社会に有用な「モノ」を開発する。用途開発力が競争力となる。

特許などの知的財産は買えばよい。設備も場合によっては、海外にある設備を活用してもよい。それよりも世界の現場を知っていること、そこで求められている物や事を知っていること、さらにそれらを組み合わせて実用化する知恵が必要だ。

そのためには、若者はグローバルでなければならない。

世界と対等にビジネスをするには、コミュニケーション能力が要る。詩歌文芸の文化感覚力（日本語）でなく、デジタル、主格・目的格の明確な語学力（英語）は若者にとって欠くことのできないこれからの大きな道具のひとつなのだ。

日本株式会社でいけ！

単なる翻訳ならＡＩでもできる。言葉とは文化である。その国の文化にないものは、その国の言語にもない。言葉を知るということは、その国の文化を知ることでもある。文化を知るということは、その国の価値観を知ることに他ならない。

だから、若者は積極的に海外へ出て道具を使い、語学力と共にリベラルアーツに磨きをかけるべきなのだ。

そのために、政府・経済界は若者を積極的に支援すべきである。リーダーたる者なら、それくらいは自分たちの一存でやり切る情熱を持つべきだ。

日本の教育投資は、各家庭が多額の教育資金を費やしているが、国の予算規模としては先進国ＯＥＣＤの最下位に近いのはいまや衆知の事実だろう。

日本の国を守るには、たとえばその効果に疑問のあると言われるイージスアショアを購入するよりも、若者の長期留学を支援するほうにもっと予算を使うべきだというのも説得力のある意見だ。

企業も、もっと若者が海外へ出ることに力を入れねばならない。それができないようでは、経済界のリーダーって何だ！　ということになる。

個々の企業が自社の利益のためだけに派遣するのではなく、海外で学んだことを最も生かせるところがよその会社になるとしても、移籍を許すくらいの度量を持つべきである。それぞれの企業が若者を支援するのではなく、ネガティブリストで日本株式会社が若者を広くバックアップするのだ。

企業は、とかく若者を労働力と見がちである。人口減少とは、労働力不足の問題とだけ捉える政治家や役人、経営者ばかりでは人口問題の解決は覚束《おぼつか》ない。

若者は一企業の労働力ではなく、日本の財産だからだ。

世界に共通するベターを探せ！

災害、経済問題、社会問題、国際問題と、どれをとっても解決のための政策が見えない状況だ。いま国に令和の30年に将来への政策がないことこそ、日本の大問題中の大問題である。

世界を見渡しても、問題解決を託せるようなリーダーはいない。

ヨーロッパもアジアも、南北アメリカ大陸も、アフリカも、世界は混沌としたまま21世紀の第一クォーターも中盤を過ぎた。

世界ではアメリカの民主主義がよいか、中国の社会主義がよいかで揺れている。

アメリカがよいか、中国がよいか、その答えは「どっちもベストにはならない」である。社会システムにベストはない。あるのはベターだけだ。

まず、ベストのみを求める価値観を捨てるべきである。

利益の極大化から相対的利益を求めることが、いま世界に必要な価値観であろう。王将、あるいは、キングをとれば勝ちの将棋やチェス型から、勝負には優勢勝ちもある囲碁型が我々には求められている。１００％完封勝利は要らない。

戦争以外ならＯＫ

ひとつの価値観ばかりを追求していけば、必ずだれかとどこかで衝突する。

衝突したときにお互いがお互いの立場から一歩も動かなければ最後は戦争しかない。ベターというのは、お互いが歩み寄り妥協できる着地点を探ることだ。

お互いが歩み寄れば、お互いの価値観の違いは、新しいビジネスチャンスを生む。

令和の日本が、グローバリゼーションの世界で立場を築くには、世界の国々と歩み寄る姿勢を基本としなければならない。ベターな着地点で何をするかは自由だ。

何十年と変わらない日本。令和の30年もそうなるのか。もういいかげんにせい！

令和の君達は、戦争以外なら何でもＯＫという「ヨコ」との連係・研究・自由というネガティブリストで、激しい挑戦力と調和精神を失わず、「死ぬまで努力する」つもりで、身体も金も、若い君たちのいまの財産をかけて思い切りやってみる勇気と決断力をもて！

その若さで老人のように将来の金や体力の計算はするな！

そうしてだれでもない君、君自身の一歩を踏み出すこと。それが第一だ！

心配するな。人間は案外簡単には死なないものだ。老人は、求められたら応じるアドバイザーとしていつも控えている。

丹羽宇一郎

【本書でお話をうかがった方々】（敬称略・五十音順）

川村晃司（テレビ朝日報道局コメンテーター）、古賀誠（元自民党幹事長）、所千晴（早稲田大学教授）、平田直（東京大学地震研究所教授）、広井良典（京都大学こころの未来研究センター教授）、森田朗（津田塾大学教授）、吉川洋（立正大学学長）

【参考文献】

石橋湛山『石橋湛山評論集』岩波書店、１９８４年
E・ノエル＝ノイマン『沈黙の螺旋理論（改訂復刻版）』北大路書房、２０１３年
鴨武彦編『石橋湛山著作集３　政治・外交論　大日本主義との闘争』東洋経済新報社、１９９６年
小塚かおる『小沢一郎の権力論』朝日新聞出版、２０１７年
古賀誠『憲法九条は世界遺産』かもがわ出版、２０１９年
ドネラ・H・メドウズほか『成長の限界』大来佐武郎監訳、ダイヤモンド社、１９７２年
平田直『首都直下地震』岩波書店、２０１６年
広井良典『人口減少社会のデザイン』東洋経済新報社、２０１９年
森田朗監修『日本の人口動向とこれからの社会』東京大学出版会、２０１７年
吉川洋『人口と日本経済』中央公論新社、２０１６年
各新聞報道、各省庁の白書およびデータ、ジェトロ資料、国際機関のデータなど

【著者紹介】

丹羽宇一郎（にわ　ういちろう）

1939 年愛知県生まれ。名古屋大学法学部を卒業後、伊藤忠商事に入社。1998 年に社長に就任。1999 年に約 4000 億円の不良資産を一括処理し、翌年度の決算で同社史上最高益（当時）を記録。2004 年に会長に就任。内閣府経済財政諮問会議議員、日本郵政取締役、国際連合世界食糧計画（WFP）協会会長などを歴任し、2010 年に民間出身では初の中国大使に就任。現在、公益社団法人日本中国友好協会会長、福井県立大学客員教授、伊藤忠商事名誉理事。著書に、『人は仕事で磨かれる』（文藝春秋）、『丹羽宇一郎 戦争の大問題』『丹羽宇一郎 習近平の大問題』（共に東洋経済新報社）、『人間の本性』（幻冬舎）、『社長って何だ！』（講談社）など多数。

丹羽宇一郎　令和日本の大問題

現実を見よ！　危機感を持て！

2020 年 4 月 30 日発行

著　者——丹羽宇一郎
発行者——駒橋憲一
発行所——東洋経済新報社
〒103-8345　東京都中央区日本橋本石町 1-2-1
電話＝東洋経済コールセンター 03(6386)1040
https://toyokeizai.net/

装　丁…………橋爪朋世
写　真…………岡村啓嗣
D T P…………アイランドコレクション
編集協力………亀谷敏朗
印刷・製本……丸井工文社
編集担当………水野一誠

　Printed in Japan　ISBN 978-4-492-22395-6